中小学生沉迷网络的预防与教育

主　编　○　徐　瑛
副主编　○　高西金

天津出版传媒集团

天津教育出版社
TIANJIN EDUCATION PRESS

图书在版编目（CIP）数据

中小学生沉迷网络的预防与教育 / 徐瑛主编. -- 天津：天津教育出版社，2019.1
（卓越教师的关键能力与素养）
ISBN 978-7-5309-8235-8

Ⅰ.①中… Ⅱ.①徐… Ⅲ.①互联网络－影响－中小学生－研究 Ⅳ.①D669.5

中国版本图书馆CIP数据核字（2018）第298909号

中小学生沉迷网络的预防与教育

出 版 人　黄　沛
主　　编　徐　瑛
选题策划　杨再鹏　王俊杰
责任编辑　吕　燚
装帧设计　郝亚娟

出版发行	天津出版传媒集团 天津教育出版社 天津市和平区西康路35号　邮政编码：300051 http://www.tjeph.com.cn
经　　销	全国新华书店
印　　刷	嘉业印刷（天津）有限公司
版　　次	2020年1月第1版第2次印刷
规　　格	16开（710毫米×960毫米）
字　　数	200千字
印　　张	11
定　　价	42.00元

前言

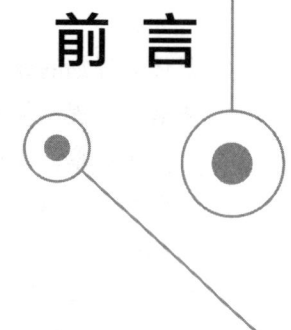

随着科学技术的迅猛发展，互联网异军突起，正以惊人的发展速度进入千家万户，给人们的日常学习、生活和工作等方面都带来了深刻的变化。青少年最易接受新生事物，已经成为网络的主要使用者。然而近几年来，伴随着网络普及范围的扩大，青少年沉迷网络的现象层出不穷。他们或沉醉于网络游戏中不停地杀杀杀，或陶醉于网络漫画中忘乎所以，或浏览网络不良小说时时发出傻傻的笑声，或因错信他人而痛哭流涕，或背着家人将大笔资金用于赌博……凡此种种，无不向我们表明，以网络为桥梁，网络游戏、网络邪恶动漫、网络黄、赌、毒正张开血盆大口扑向年青的一代，要将一个个家庭的希望毁灭，要将国家的未来毁灭。

正是鉴于这一严峻的形势，2018年4月，教育部办公厅下发了《关于做好预防中小学生沉迷网络教育引导工作的紧急通知》（以下简称《通知》）。《通知》针对当前中小学生沉迷网络现象，提出严抓、严管、严查的命令。为此，我们组织编写了这本实用性、操作性极强的《中小学生沉迷网络的预防与教育》一书，以理论加案例的形式，为一线教师切实抓好中小学生沉迷网络问题提供操作指南和建议。

本书以六章的内容，将《通知》中强调的危害中小学生身心健康、危及家庭希望和民族未来的现象加以分析，提出预防和教育的方法。具体章节内容安排如下。

第一章：中小学生沉迷网络概述。在这一章中，我们以两个小节的内容，将中小学生沉迷网络的表现、危害、原因，以及预防和根治的相关措施和方法加以具体而详细的介绍，其内容涵盖了国际上一些国家的预防和根治的措施，在全书中起到了提纲挈领、窥一斑而知全豹的作用。

第二章：成瘾性网络游戏的预防与教育。针对网络游戏在丰富青少年娱乐方式的同时，给青少年带来不小的负面影响，以至于众多青少年学生因沉迷于网络游戏而学业俱废、身心受损甚至付出生命代价的事实，分析了中小学生之所以沉迷于网络游戏的特点、原因，以及沉迷网络游戏对中小学生造成的危害。在此基础上，就学校和家庭层面，提出了预防和教育方法与措施。

第三章：网络邪恶动漫的预防与教育。网络邪恶动漫腐蚀青少年的精神，以其作为诲淫诲盗诲黑、诱人沉迷、蛊惑犯罪的网络"精神毒品"的事实，具体分析了网络邪恶动漫区别于动漫艺术之处，指出其特点和危害，说明了判断网络邪恶动漫的标准，并对于预防青少年学生沉迷于网络邪恶动漫给出方法与建议；对沉迷于网络邪恶动漫的学生，给出有针对性的教育指导。

第四章：网络不良小说的预防与教育。针对当前许多中小学生喜欢阅读网络文学，尤其是网络小说的现象，对于当前不良网络小说中那些腐蚀学生身心、形同精神鸦片的特点，分析了作为网络文学的一种，网络小说的优点以及其中的不良小说的危害，并为学校和家庭提出了预防学生沉迷于网络不良小说的方法，并就那些沉迷于网络不良小说的学生的教育问题提出心理学和教育学的建议。

第五章：网络诈骗的预防与教育。针对当前网络诈骗问题日渐困扰着人们的生活，甚至导致一些学生因为网络诈骗而自杀，一些学生因网络诈骗而走上从事网络诈骗的犯罪之路，本章具体分析了网络诈骗的特点、犯罪方式和手段，以具体的案例说明了如何预防网络诈骗的发生、如何教育学生远离网络诈骗之路，并给出切实可行的方法与措施。

第六章：网络暴力、色情和赌博的预防与教育。针对互联网上的暴力、色情和赌博，本章具体分析了此三者的特点、犯罪方式和手段、表现和影响，以及对青少年学生的危害，分别指出预防和教育的方法。由于网络赌博现象发生在中小学生的身上相对前两者并不常见，因此在预防和教育方法的介绍上，三者之间有详有略，重点突出，层次分明，可操作性强。

可以说，本书内容涵盖全面，指导性强，理论讲解深入浅出，案例贴近学生生活和教育实际，极具针对性和代表性；案例的展示或引出具体的理论，或辅助说明具体的理论，在阅读中可以帮助读者理解理论、明确方法，从而让一线教师在操作中获得借鉴和学习的素材。

目 录

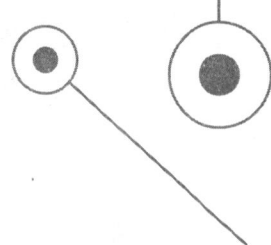

第一章　中小学生沉迷网络概述

第一节　中小学生沉迷网络的危害与原因　／3

一、中小学生沉迷网络的表现及危害　／3

二、中小学生沉迷网络的原因　／8

第二节　中小学生沉迷网络的预防与根治　／12

一、国际预防与根治中小学生沉迷网络的措施　／12

二、学校在预防中小学生沉迷网络中的重任　／13

三、家庭在预防中小学生沉迷网络中的作用　／16

第二章　成瘾性网络游戏的预防与教育

第一节　认识网络游戏及网络游戏成瘾的界定　／21

一、网络游戏的特点　／21

二、网络游戏的具体危害　／22

三、网络游戏成瘾的特点及界定　／24

第二节　学生网络游戏成瘾现象的分析　／28

一、学生网络游戏成瘾的表现　／28

二、学生网络游戏成瘾的原因　／30

第三节　网络游戏成瘾的预防与教育　/ 35
　　一、学校积极采取相应的预防措施　/ 35
　　二、家庭积极参与预防活动　/ 41
　　三、沉迷网络游戏学生的教育引导　/ 42

第三章　网络邪恶动漫的预防与教育

第一节　认识网络动漫及网络邪恶动漫　/ 49
　　一、了解动漫艺术　/ 49
　　二、认识网络动漫　/ 50
　　三、网络邪恶动漫的危害　/ 54

第二节　网络邪恶动漫的特点及界定　/ 60
　　一、网络邪恶动漫的特点　/ 60
　　二、网络邪恶动漫的界定　/ 61

第三节　网络邪恶动漫的预防与教育　/ 63
　　一、学生沉迷网络邪恶动漫的主要原因　/ 63
　　二、预防学生沉迷网络邪恶动漫　/ 65
　　三、沉迷网络邪恶动漫学生的教育引导　/ 68

第四章　网络不良小说的预防与教育

第一节　认识网络文学及网络小说　/ 79
　　一、网络文学　/ 79
　　二、低俗网络文学　/ 80
　　三、网络小说及其种类与特点　/ 81

第二节　网络不良小说的危害　/ 83
　　一、对青少年学生的危害　/ 83

二、对学生家庭的危害 / 85

　　三、对社会的影响 / 86

第三节　网络不良小说的预防与教育 / 88

　　一、学生沉迷网络不良小说的原因 / 88

　　二、预防学生沉迷网络不良小说 / 90

　　三、沉迷网络不良小说学生的教育引导 / 94

第五章　网络诈骗的预防与教育

第一节　认识网络诈骗及其特点 / 103

　　一、网络诈骗的特点 / 103

　　二、网络诈骗的方式及手段 / 104

第二节　中小学生遭受网络诈骗的原因及危害 / 111

　　一、中小学生遭受网络诈骗的原因 / 112

　　二、中小学生遭受网络诈骗的危害 / 115

第三节　网络诈骗的预防与教育 / 117

　　一、如何预防网络诈骗 / 117

　　二、预防网络诈骗犯罪的教育引导 / 122

第六章　网络暴力、色情、赌博的预防与教育

第一节　认识网络暴力、色情和赌博 / 133

　　一、网络暴力的表现形式及危害 / 133

　　二、网络色情的表现形式及危害 / 138

　　三、网络赌博的表现形式及危害 / 144

第二节　网络暴力的预防与教育 / 148

　　一、网络暴力的预防 / 148

　　二、实施网络暴力的学生的教育引导 / 154

第三节 网络色情的预防与教育 ／155

一、网络色情的预防 ／155

二、沉迷网络色情学生的教育引导 ／160

第四节 网络赌博的预防与教育 ／161

一、网络赌博的预防 ／161

二、沉迷网络赌博学生的教育引导 ／162

附 录

教育部办公厅关于做好预防中小学生沉迷网络教育引导工作的紧急通知 ／164

青少年网络成瘾定义及诊断标准 ／167

后 记 ／168

第一章

中小学生沉迷网络概述

随着互联网和手机终端的发展,成瘾性网络游戏、邪恶动漫、不良小说、互联网赌博等不断出现,造成一些中小学生沉迷游戏、行为失范、价值观混乱等问题,严重影响了中小学生的学习进步和身心健康,甚至出现人身伤亡、违法犯罪等恶性事件。

第一节　中小学生沉迷网络的危害与原因

下面是一个真实的故事，这也是当前不少有网瘾少年的家庭的遭遇。这样的家庭在中国，尤其是经济发达的城市，数量绝对只多不少。

小 A 是杭州的一名高三学生，再过 3 个月就要参加高考了。然而，让父母揪心的是，他竟然沉迷于一款手游中不可自拔，甚至连上课也忍不住摸出手机来抢装备、做任务，还经常熬夜练级。无奈之下，父母没收了他的手机，结果小 A 大发脾气，威胁父母不再上学。束手无策的父母无奈之下做出一个决定：帮小 A 一起打游戏，让他快速冲到 60 级满级，如此一来孩子就可以安心备考了。高考前夕，小 A 的游戏角色终于冲到了 60 级，然而游戏版本升级，最高等级更新到了 120 级，小 A 被再次拖入其中。硝烟再次在家里弥漫，父子之间爆发了"战争"，小 A 甚至用刀将爸爸的一根手指头剁掉。

这个故事将一个可怕的事实告诉我们：中小学生沉迷网络的程度已经严重到了危及学生的身心健康的程度。

一、中小学生沉迷网络的表现及危害

根据中国互联网络信息中心（CNNIC）发布的《中国互联网络发展状况统计报告》，截至 2017 年 12 月，我国网民规模达 7.72 亿，其中学生群体规模最大，占比为 25.4%，约为 1.96 亿；10～19 岁占比为 19.6%，约为 1.51 亿。报告说明，伴随着学生网民数量的增加，网络让越来越多的中小学生沉迷其中。那么，中小学生沉迷网络的表现有哪些？又会给学生本人和家庭、社会造成怎样的危害呢？

1. 身心受损，健康警报频响

生物学研究表明，人的大脑组织与肌肉组织一样，遵循着用进废退的原则。当一个人因玩游戏无须太多思考，大脑只要兴奋一个区就够用，时间久了，其社会功能就"废用性萎缩"，出现情感麻痹等症状，注意力、情感能力、情绪表达能力严重退化。大量核磁、脑功能检查结果显示，孩子若每天玩网游 6 小时以上，半年后，其大脑前额叶的葡萄糖代谢下降15%，大脑氧代谢下降8%。长期下去，身体健康就会遭到破坏。

案例

小 W 自 10 岁开始玩游戏，至今已 8 年。据其父亲描述，开始的时候小 W 对游戏是有控制的，每天也就玩 1 小时左右，学习成绩也始终保持在前几名。可是上了初中后，小 W 完全变了，每天沉浸在游戏中，家里不让用电脑，他就逃课跑到网吧，不分昼夜地玩。由于长期不运动、不正常饮食和休息，小 W 最终患上了"肌无力"，母亲不得不带着他到各地求医。最终虽然得以康复，但他依然沉迷于游戏，而其父母则每天提心吊胆，担心他会旧病复发……

事实上，小 W 的经历并非个案。无数事实表明，沉迷网络已经对中小学生的身体健康造成极大伤害。这种伤害具体表现在如下几方面：

首先，长期面对电脑显示器接受 X 线的长时间辐射，不但令人早衰，而且由于 X 线对人体血液成分中的白细胞有一定的杀伤力，从而令人体血液中的白细胞数量减少，导致机体免疫功能下降，为病菌侵入机体打开通道，进而引发各种疾病。除此之外，长期沉迷网络，人的头部就会长时间保持一种姿势不变化，会引发颈椎肌肉疲劳，导致颈椎增生，严重者会出现手指麻木感、放射痛、椎动脉压迫症所出现的眩晕，也就是临床上所谓的颈椎疼痛综合征或颈椎病。

其次，长期沉迷于网络的人，由于身体处于静止状态而不运动，或者会出现肌肉萎缩现象；或者会胃口变差，慢慢消瘦；或者会造成"虚胖"，进而身体素质变差，免疫力低下，易患疾病。

最后，长期沉迷于网络，脑细胞会因为休息不足或过量使用而受到损害，甚至引发高血压。在正常情况下，倘若要令机体体能恢复，青少年儿童每天要保证

9~10小时睡眠时间。如果不能满足这一正常的睡眠时间需要，人就会感到疲劳，疲劳的积累可造成各器官对氧的需求量增加，而大脑是对氧需求较敏感的器官。人体缺氧，大脑首先做出反应，表现为眩晕。长期大脑缺氧，加上过度用脑及过度精神紧张，可造成脑细胞死亡而发生大脑损害，表现为记忆力下降、反应迟钝、思维不敏捷、眩晕、失眠、心烦易怒等症状，俗称为"神经衰弱症"。另外，长时间的精神高度紧张也会引起交感神经持续兴奋状态，血管紧缩，血压升高。

2. 人格扭曲，出现暴力倾向或行为

2013年，中国青少年网络协会第三次网瘾调查研究报告显示，我国城市青少年网民中，网瘾青少年超过2400万人，还有1800多万青少年有网瘾倾向。而有关专家研究发现，那些沉迷于网络游戏而不上学的学生，除了大脑功能发生了变化之外，其心理状态亦发生了可怕的变化。

案例

2017年4月27日，在陕西某县第三中学校门外巷道发生一起严重的恶性伤害案件。一群13岁左右的初中生被一陌生男性持匕首行凶。据警方披露，凶手赵某因游戏成性，沉迷网络而无法自拔，因此发展到模仿游戏场景进行有预谋的犯罪行为。据当地政府部门工作人员说："赵某在游戏的场景中，最喜欢选择在学校和医院杀人。"

这一案例说明，长期沉迷于网络，学生的人格就会发生巨大的变化，变得自私、怯懦、自卑、焦虑、抑郁。尤其是那些经常玩网络游戏的中小学生，长期沉迷其中，就会慢慢地影响其心理发展，甚至产生幻觉，将虚拟世界的暴力情节挪移到现实生活里面，还会如同上述案例中的赵某一样，发展出变态的人格，进而渐渐地产生暴力倾向，做出伤害他人或自己的暴力行为。

美国斯坦福大学医学系阿布贾乌德教授指出，那些沉迷网络程度过深的人，已被医学界划为一种病态的"E型人格"，这些人容易动怒和失去耐性，极端情况下甚至有暴力倾向。在其著作《虚拟的你》中，阿布贾乌德教授指出，网络营造的虚拟空间让人沉迷其中，进而弄虚作假、自欺欺人。关于这一点，2007

年4月16日发生于美国弗吉尼亚理工大学的校园枪击事件可以证明。据悉，在枪杀32名师生后自杀的23岁的韩裔学生赵承熙，从高中时代就痴迷于暴力游戏，在虚拟游戏中使用各类枪械互相射击，随意"杀人"，因而发展为一名暴力文化崇拜者。

3. 性格虚拟，人际关系差

青少年时期，正是人生观和价值观的形成期，青少年学生好奇心强、自制力差，极易受到异化思想的冲击。网络虚拟世界里人际关系的随心所欲，无须承担责任和免遭惩罚的特点，会导致青少年养成自我中心的习惯，特别是网络暴力、色情、欺诈等，使得迷恋网络的青少年道德素质下降、道德观念淡化。同时，现在的中小学生多数是独生子女，他们一旦长期沉迷于网络中，就会在原本缺少与人沟通的情况下加深其独处的程度，形成虚拟性格，进而使之更加缺乏人际交流的能力，从而可能埋下悲剧的种子。

案例

某重点中学学生小B，无意间迷上网络，从此不可自拔，一天短则两小时，长则四五个小时泡在网吧，花费巨大不说，而且从此竟像换了一个人一样。他自述一离开电脑，回到现实生活就感到孤独，感到周围的人都很陌生，不愿意再与其他人交往。父母看到这种情况，带他去看心理医生，心理医生诊断他患了一种"自闭症"。

这一案例说明，中小学生沉迷于网络，对其性格影响极大。有些学生一旦迷上网络，不仅成绩下降，而且变得目光呆滞、沉默寡言、孤僻怪异、易怒易躁，让人不可捉摸，过去活泼开朗的学生变得不再与同学玩耍，经常一个人呆呆地发愣，有时自言自语，有时莫名其妙地发笑。

由此可见，网络虚拟性格最大的特征表现为孤独、紧张、恐惧、冷漠和非社会化。学生一旦长期沉迷于网络，就会对互联网虚拟世界产生极度的依恋，进而性格会脱离现实社会而产生异化。同时，在网络这个虚拟世界里，人人都以虚假的身份出现，尽管很多时候可以大胆地表达自己的真实想法或无所顾忌地说自己想说的话，但在虚假的身份之下，网络人际关系很少有真实可言，时时充斥着不信任，人际关系紧张。特别是对于性格内向的青少年，网络为其提供了展示自我的平台，但也使他们在现实中变得更加内向和自我闭锁。长此以往，学生的虚拟性格更加严重，甚至发展成自闭，使性格发展走向极端。其中，极度自私、爱钻牛角尖的性格就是表现之一。

正如上文所说，在进入虚拟世界后，青少年的性格会变得孤僻，所有心思都放在网络游戏中，不愿理会身边的人和事，浪费了光阴，疏远了身边的人。久而久之，他们疏离了真实的世界，对其身心健康是极为不利的。

4. 性格脆弱，诱发自杀行为

中小学生长期沉迷于网络，不但表现为性格的虚拟，而且表现为性格的极端冲动或极端脆弱。关于前者，我们在前文提到的暴力冲突倾向，就是这种性格的表现；后者的表现则为学生频频出现的自杀现象。

案例

W 是某高中的学生，平时学习成绩尚可，由于沉迷网络游戏，一连数日不来上课，最后甚至发展到不来学校参加考试。最终，学校在对其进行教育和挽救无效后，通知家长，将其开除。W 最初在接到学校的通知时，因为沉迷于网络，根本没太在意。结果等某一天突然觉醒后，不由得长叹着说："啊，我都没犯什么大错误，学校居然开除了我。"随后，他越想越多，越想越难过，最后因感情脆弱而极端化地选择了自杀。

沉迷网游可使人心理素质低下，情感脆弱，遇到重大挫折便不堪一击。网络是一个虚拟的世界，在完全进入这个虚拟世界以后，学生的行为会变得一反常态。由于日常生活和虚拟世界完全不搭配，此时学生的心思完全在虚拟世界里，时刻关注着虚拟世界里所发生的事，也完全不想理会真实世界里要做的事，比如那些经常逃课上网的学生，就处于这种状态。这类学生由于长期沉迷于网络虚拟世界，因此在处理真实世界里的事情时就会抱以应付的态度，甚至以极端化的处理方案去解决，从而让自己得以快速回到虚拟世界继续做自己想要做的事情，而根本不考虑或者不屑于考虑采用其他较折中的方法。突出的表现是某些沉迷网络的学生本来对学习就抱有消极的态度，一旦沉迷网络，再因学习遇到挫折时就会将这种情绪放大，以极端化的退学方式让自己得偿所愿；或平时就有自卑心理而沉迷于网络的学生，一旦遇到挫折，就会将这种悲观情绪放大、极端化，进而毫不犹豫地选择自杀的方式解决问题。

二、中小学生沉迷网络的原因

既然沉迷于网络会造成如此严重的后果，为什么学生会对网络入迷呢？这是因为在某种程度上，网络不仅仅是一条网线、一个Wi-Fi，而是等同于社交、娱乐、休闲、竞技、读书……这个虚拟世界五光十色、应有尽有。在这一虚拟的世界中，学生找到了现实中无法得到的快感、成就感，获得了满足感。那么，造成青少年学生沉迷网络的原因是什么呢？

中国青少年研究中心少年儿童研究所曾做过一项针对全国10个省份6000多个学生及其所在家庭的调查，调查分析得出的11项网瘾学生特点显示，四种类型的青少年容易沉迷网络：缺乏温情教育方式、缺乏社交能力、面对压力缺乏应对能力、自我认同度比较低——而这些类型对应的就是家庭教育、亲子关系、学校教育等多方面的复杂因素。

1. 家庭教育的缺失

家庭教育的缺失是造成青少年沉迷网络的主要原因之一。这是因为，一些家长或根本不懂得如何与孩子沟通；或溺爱孩子，将孩子的学习成绩和物质奖励挂钩；或对孩子缺少陪伴，让孩子在祖父母或外祖父母处管养；又或者根本不懂得如何陪伴孩子……这种种原因造成了学生选择网络寄托自己的情感，进而导致沉迷网络。

案例

高三学生小苗，父亲是一位建筑承包商，家境极其优渥。因父母远在广州工作，极少回家，于是小苗长期生活在爷爷、奶奶的身边，受到他们的溺爱。而父母一年有限地见几次面，也只知道一味地给小苗钱，对小苗的成长关心不够。于是小苗小学时就成了网虫。沉迷网络后，小苗在校内校外的表现都极差，成为学校的双差生。而因为缺少关爱，她也相当厌学厌世，在学校我行我素，无视法

第一章
中小学生沉迷网络概述

纪，因此先后被好几所学校开除。最终父母将她送进一所封闭式私立学校学习，而小苗也因为不满学校的全封闭式的教育管理制度（无法出校去上网），于高考前三个月离开了学校。

事实上，每一个沉迷网络学生的背后都有一个问题家庭。正是由于家庭教育缺失才导致孩子想要找一个出口来弥补。因此，造成学生沉迷网络的根本原因就是家庭爱与教育的缺失。

一般来说，沉迷网络学生的家长通常分为两种类型：一种是完全溺爱型，对孩子陪练陪玩，只要孩子学习成绩好，就满足孩子的任何要求，却忽略了孩子其他方面的健康成长；另一类是过度专制型，此类家长不允许孩子接触任何游戏，于是处于叛逆期的孩子就极易和家长发生冲突和对抗，由此产生了不允许做的事情偏要做的逆反心理。

完全溺爱型家长的教养方式，让孩子缺少抗风险能力，不能培养孩子的判断力和辨别力，因而当孩子一旦被网络的多姿多彩所吸引时，极易被误导，因此易发生上述现象。同样，过度专制型家长则由于对孩子采取了强制性管教方式，从而激发孩子的叛逆心理，进而更易被网络所吸引，进而发展出暴力倾向等不良行为或性格。

案例

学生小刚从小就特别乖巧，与父母关系也很和谐。但进入初中后，他开始质疑读书有什么用。他一反常态地开始和学习成绩不好的同学混，还被其影响迷上了网络游戏。在游戏世界，他发现压力和情绪都可以得到释放，而且可以说脏话，可以交到更多的朋友。回到家，他经常一个人躲进房间玩游戏，成绩也直线下降，父母的话也完全不听。后来了解到，小刚的父母就属于专制型家长，小刚在家没有发言权，一直都听父母安排。正是游戏让他找到了自由、放松、被倾听的感觉，所以被压抑情感的小刚从此沉迷其中无法自拔。

2. 社会原因

除了家长的原因，社会也是造成学生沉迷网络的重要原因。此处所说的社会是指学生生活的主要场所——学校。因此，学校的管理和教师的教育均被列入社会原因来探讨。

案例

学生小A头脑聪明，心灵手巧，在班里一直是学习尖子。一次考试，小A考得不好，班级排名时名次落到了后面。每天看着墙上贴的排名榜，他感到深受打击。结果越着急，越出错，接下来的几次考试成绩都不理想。看着自己排名榜上的名次，小A灰心失望。放学时，同行的同学拉着他去了网吧。从此小A迷上了上网，在网络上宣泄着自己的情绪。

由上述案例可知，学校教育思想和教师的教育方法，也会对学生的沉迷网络产生影响。具体来说，包括以下几方面：

一是以分数取人的思想的影响。在提倡素质教育、尊重个性、讲求平等多元的今天，一些学校仍然存在着以分数取人的现象，没有改变应试教育的束缚，而这种束缚在一定程度上束缚了学生的思想。相反，互联网的平等性、互动性、无约束性和彰显个性等特点，给学生带来了强大的吸引力和满足感。这就导致了学生沉迷网络。

二是不当的教育方法的影响。当前一些教师在教育学生时，不能公平公正地对待所有的学生，对学习成绩好的学生比较偏爱，对颜值好的学生比较偏爱，对人际关系比较好的学生比较偏爱。如此一来，那些学习成绩一般或者较差的学生，那些长相普通的学生，那些人际关系一般的学生，就极难得到老师的重视。长期以往就会导致这些学生失去自信心，其自我调解能力得不到发展，始终处于被动的客体地位，不断地承受着失败和对自我的否定，自我价值无法得到实现。相反，在网络这一虚拟空间，其自由、乐观的心理和行为能力的发展不受阻碍，长相、学习成绩等外在因素不会影响到其心理，于是可以以真正平等的身份和实力获得认可。这也是造成学生沉迷网络的原因。

三是学校和教师在管理上的失误。有相当一部分学校、教师将主要精力放在学生的学业成绩上，缺少对学生上网进行必要的指导和管理。同时，有些学校由于只顾抓学生的成绩，而将教育重点放在一些好学生身上，放松了对差生的管理，使他们感到不被重视、不被喜欢，从而沉迷网络，放任自流。

四是学校生活枯燥，缺少对学生的吸引力。一些学校不关注校园内涵建设，忽视学生的社会实践活动，忽略校外教育，对学生的课余活动指导和组织极为贫乏，缺少内容丰富、健康向上、形式多种多样的文体活动和兴趣小组，缺少对学生具有吸引力的校内活动和社会实践活动。因此，越来越多的学生在周末时间、业余时间空虚无聊，就会混入网吧，迷恋网络，受到网络游戏的毒害。

3. 学生个性原因

除了家庭教育和社会这两方面的原因，学生沉迷网络也与其个性有关。

案例

高三学生心怡，在高三第一学期期末统考结束放假回家途中，转车时没有赶上最后一班车，加上身上的钱又不多，一个人住旅店又有些害怕。于是在一位朋友的"开导"下，心怡走进了一家生意特别火爆的网吧，一直玩到第二天下午才与网吧依依惜别，赶晚班车回家去。从此，心怡迷上了上网，尤其是喜欢在网上聊天。别看心怡学习成绩一般，性格内向，现实中的朋友不多，可以说没有知心朋友，却是聊天室的常客、斗地主的高手，而且网友也多，用她自己的话说可谓是多如牛毛。甚至每次上网，她都不得不"隐身登录"（一种上网聊天的方式——网友见不到她，也不知她是否已上网）；她约见过的网友也很多，多得连她自己也记不清楚了，按她的话，至少有三桌人吧。上网时，她一般都是一边斗地主一边聊天的。由于有众多网友的通力合作，心怡已从"包身工"很快地成长为"大地主"（"包身工"和"大地主"都是斗地主游戏的玩家级别名称）。长期沉迷于网络的心怡，经常旷课去与网友约会，长期夜不归宿，最终被学校给予"勒令改变学习环境"的处分决定。

心理学研究表明，由于心理和社会需要产生对网络的期待，需要得到满足和产生愉快的体验，导致了不同的网络暴露模式。而个体的消极个性特点及某些生理特征可能引发个体现实生活中的社交恐惧和障碍。网络交流可使人们不受外表和实际生活的约束，并可随心所欲地改变和修订自己的品质和人格特点，促使一些人在网络的虚拟环境中寻求理解和满足，不能自拔。因此，那些个性内向、不愿意与人交流的学生，相对于性格外向、愿意与人交流的学生，更愿意沉迷于网络。

第二节　中小学生沉迷网络的预防与根治

中小学生沉迷于网络，危及学生自身，危及家庭希望，危及祖国未来，因此，预防学生沉迷网络，根治沉迷网络的学生，也成为当前教育工作的重点。为此，教育部下发了《教育部办公厅关于做好预防中小学生沉迷网络教育引导工作的紧急通知》，要求各地方学校做好中小学生沉迷网络的教育工作。那么，如何预防和根治学生沉迷网络现象呢？让我们从国内外诸多举措入手，看一看实施的方法和原则。

一、国际预防与根治中小学生沉迷网络的措施

我们必须承认，网络是 20 世纪人类最伟大的发明。但是随着这一新兴媒体的飞速发展，社会政治、经济、文化及人们的生活都发生了天翻地覆的变化。与此同时，这把双刃剑又让这个世界披上超时空的数字化光环的同时，也让污泥浊水与沉渣现身。身处这个世界的青少年学生，因为缺乏自制力，一旦沉溺于虚拟的网络世界中，其求知的心智和原本善良的情感就极易被网络虚拟世界所吞噬，有的甚至还在网络的各种诱惑下走上犯罪道路，甚至失去了生命和自由。为挽救沉迷于网络的青少年，从 20 世纪 90 年代开始，一些发达国家就针对中小学生沉迷网络的现象尝试采取各种策略，防治学生沉迷网络。经过几十年的发展，积累了丰富的实践经验。

1. 立法防治，全过程防治

韩国是世界上最早通过颁布法律和政策来应对中小学生沉迷网络问题的国家。针对中小学生沉迷网络，韩国形成了多部门立法与全过程干预的防治方式。韩国科学部、性别平等与家庭事务部、文化体育观光部、健康与福利等八部门，

针对中小学生沉迷网络问题，相继制定了第一个防治中小学生网络成瘾总体规则和第二个防治网络成瘾总体规则，并颁布了相关法律，采取从前期预防到中期筛选、咨询和治疗再到后期回访的全过程网络成瘾防治模式。同时，韩国还将网络伦理内容纳入了小学、初中德育教材，以及高中道德、电脑教材中。

同时，韩国政府部门协助家长帮孩子戒"网瘾"的措施也值得我们学习与借鉴。面对青少年"网络中毒"现象，韩国政府予以高度重视。韩国信息通信部和韩国信息文化振兴院早在2001年就成立了"网络中毒咨询中心"。这个中心的任务主要有：以初、高中学校老师和家长为对象，开设"网络中毒"预防讲座，实施预防教育，帮助孩子培养正确的网络使用习惯；面向个人和家庭提供有关"网络中毒"方面的咨询，并直接向学校派遣咨询人员，对有"网络中毒"症状的学生进行集体教育。

2. 特别预防，提升素养

和韩国类似，日本政府也相当重视中小学生沉迷网络问题的防治，政府相关部门负责管理互联网的使用等工作人员，制定互联网使用条例、与互联网有关的健康和预防措施以及针对学龄儿童的特别预防措施。在过去的几年中，日本政府针对中小学生沉迷网络问题采取了一系列预防措施。如 2012 年，日本内务和通信部就发起倡议，通过讲座和培训来提高民众的信息技术素养，以减少民众误用网络的行为。

同时，日本政府还设置了"青少年上网导航员"，对网络社会现状和危险性、青少年如何把握网络使用尺度、如何进行上网自我监控和管理等进行"导航"。

事实上，沉迷网络现象在国内外均相当普遍。针对这一现象，各国纷纷采取措施，以根治这一严重的社会问题。我国也针对这一现象采取相应的措施，以多方出手、联合行动的方式，对中小学生沉迷网络现象予以预防和根治。

二、学校在预防中小学生沉迷网络中的重任

教育部基础教育司负责人表示："网络精神毒品对整个社会带来的负面影响是严重的，需要相关部门共同施策、齐抓共管、综合治理，努力形成学校、家

庭、社会良性互动的教育合力。"那么，作为学生教育和管理中的重要力量，针对学生沉迷网络现象，学校如何做呢？

南京师范大学教育科学学院教授齐学红研究发现，"对青少年的网络行为，学校宜疏不宜堵，与其消极被动地预防不良上网，不如积极引导青少年文明上网、健康上网"。

1. 正确引导，变堵为疏

（1）学校要注意正面引导学生的上网行为，帮助学生了解网络是个什么样的天地、什么是合乎道德的网络行为，在对学生如何使用手机及具体上网行为上进行有效的引导。

（2）学校还要注意适应社会发展变化，深入挖掘日常生活中的教育价值，把学生的注意力从网络转移到校园生活中来，把中小学生引导到积极健康向上的成长轨道上。

比如，学校要组织教师及时掌握学生思想情绪和同学关系状况，组织学生开展丰富多彩的班级活动，以丰富的教学活动吸引学生。正所谓"中小学生的内心犹如一片广阔田野，要让田野不长'杂草'，最好的办法就是种上一片金灿灿的'水稻'"。为此，学校创造丰富多彩的课余生活，使孩子们把更多精力放在有效学习、户外运动和社会实践活动中。吃饱了"精神大餐"，孩子们自然就能提高对网络不良内容的免疫力。

2. 科学管理，让学生规则上网

学校要注意出台关于学生使用手机的相关规定，如"教室里不得使用手机"。同时，学校还要加强午间、课后等时段管理，规范学生使用手机，组织开展全面排查，了解掌握中小学生使用网络的基本情况。

案例

蒙古族第一小学各班于周五下午第三节班会时间组织观看《护苗·网络安全课》系列课件，学生均非常感兴趣并且认真观看了这些视频。其后老师组织学生谈观后感，补充网络的危害，让学生自己谈谈如何安全上网、假日该怎样合理上网。最后师生共同总结本次观看感受，引导学生安全上网、健康上网。

3. 协调家长，做好预防和根治工作

诚如北京101中学副校长刘子森所说："做好预防中小学生沉迷网络教育的引导工作，需要全社会的齐抓共管。学校在加强自身文化建设的基础上，还要积极与政府、社会及家长沟通协调，整合好资源，共同把学生培养成德智体美全面发展的社会主义事业建设者和接班人。"为此，从孩子上幼儿园、小学开始，学校就对家长进行相关工作的指导，将预防做在前面，以减少矫正的苦恼。比如，学校组织相应的家长培训活动，让忽视学生沉迷网络的家长意识到沉迷网络"小病不治，大病难医"的危害性。

4. 指导学生科学、合理、有意义地用好闲暇时光

案例

某校协同家长，共同防治学生沉迷网络。为此，学校老师推荐学生观看《开讲啦》《中国诗词大会》《感动中国》等优秀电视电影作品，用优秀的文学作品、影视作品为孩子们营造一方洁净的天地，润泽他们的心灵，充盈他们的内心世界，提高他们对网络游戏等的免疫力。学校与某电影院合作，一直把亲子影院、观看优秀电视节目作为一项工程，每周都会向学生及其家长推荐相关内容，提供观看渠道，收到良好效果。同时，学校还经常依托班级家委会规划各班学生的周末亲子活动，鼓励学生从校外培训班和家庭里走出来，走进大自然。与伙伴们多聚在一起，学生们沉迷网络的现象自然就减少了。

W学校从幼小衔接入手，经常组织教师到附近的幼儿园，给家长宣讲"小学生沉迷网络"的典型案例。每年6月至次年6月，学校都要组织一年级新生家长参加"家长学校十讲"的专题活动。这十讲中，有许多引导家长重视电子产品和网络游戏危害防范的内容。学校用《扁鹊治病》的故事劝告家长，幼儿园里的孩子、低年级的小学生即便非常痴迷玩游戏，也很容易干预和矫正，而这种不良习惯一旦带入小学高年级和初中，想要干预就很困难了。借助于一个个鲜活的案例告诫家长，如果不想将来做一名和网络抢孩子的无奈、后悔的家长，就要从现在开始，用健康的教育方式陪伴孩子成长。

一方面可以用优秀书籍、影视作品填补孩子空虚的内心世界；另一方面可以带领中小学生走进自然，让他们的闲暇时光多在户外度过。

三、家庭在预防中小学生沉迷网络中的作用

案例

某日凌晨4时，一家派出所的民警在突击检查网吧时，发现网吧客厅的躺椅上睡着一个男孩聪聪（化名）。经了解，这个男孩14岁，是前一天晚上来网吧的，一直要开机上网，但由于拿不出身份证，加之网吧管理人员担心是未成年人，因此其上网的要求遭到拒绝。经过进一步的沟通，男孩自述因为学习成绩不好，经常挨父亲责骂，于是网吧就成了他的"家"，可以说当地的网吧他几乎都去过，饿了就靠周围网友们的接济。有时一天也吃不上一顿饭，但心里很痛快，因为这样可以不用再看父亲的脸色了！当民警提出要通知其父母接他回家时，聪聪一口拒绝。最后经民警再三做思想工作后，聪聪勉强同意只让母亲一人来派出所。

这一案例提醒我们，青少年群体社会经历不足，生活习惯尚处于形成阶段，面对开放的网络，要想让预防沉迷网络教育引导工作见成效，除了学校、家庭、社会必须合力打出"组合拳"外，家长还要注意采取科学的教育方式，让教育行之有效。

1. 帮助孩子养成良好的行为模式

身为家长，要认识到，上网可以作为孩子偶尔放松的方式，不能一味地排斥，以免激起孩子的好奇心、叛逆心。为此，家长要帮助孩子建立对网络的正确认知，并形成一个自我管理、自律的模式。同时，家长首先应以身示范，远离网络，多陪伴孩子，讲究家庭教育的艺术和技巧，引导孩子理性认识网络的利与弊，同时培养孩子多方面的兴趣，防止网络"一叶障目"。

2. 追根溯源，对症下药

针对已经沉迷网络的孩子，家长要认识到堵不如疏，一定要从根源上了解是什么导致他们的上瘾，然后对症下药。比如，一些沉迷于网络的学生，实际上是学习成绩很好、重点中学尖子班的学生。而他们之所以沉迷网络，一个原因就是为了释放学习压力、竞争压力。因此，家长要找到真正的原因，帮助孩子找到科

学而合理的减压渠道,从根本上解决问题。比如,沉迷于游戏的孩子,家长就要去下载孩子沉迷的那款游戏,去了解游戏怎么玩,从中得到什么样的感受,然后去和孩子沟通,了解孩子从游戏里有什么收获,然后寻找替代的方法。

3. 培养孩子的多方面兴趣

家长平时要多培养孩子的兴趣,如读书、下棋、运动、做家务、走亲访友、举家旅行、参观博物馆、欣赏音乐会等,让丰富多彩的现实生活吸引孩子。倘若孩子有其他兴趣,当家长发现其出现沉迷网络的苗头时,就可以用另外一个健康的兴趣替代对网络的沉迷,小孩的沉迷网络自然就会"痊愈"了。

4. 家长以身作则,关爱孩子

学生走上沉迷网络、手游之路,与其成长环境有关。有些家长忙于生计,无暇照顾孩子,为了方便与孩子联系,过早地给孩子配备智能手机;有些家长把孩子丢给隔代长辈照顾,老人则多容易对孩子溺爱;有些家长外出打工,孩子成了留守儿童,处于管教失控状态,用于与父母联系的智能手机就成了他们消遣闲暇时光的重要"伙伴",填补着他们现实生活中的无聊、孤独和寂寞。事实上,生活无聊、心理空虚,再加上学业上的挫败感,这些都会使中小学生把注意力转向虚拟的网络世界去寻找刺激、填补空虚。因此,身为家长,要注意关爱孩子,加强与学校、老师的沟通,注意在培养孩子的兴趣的同时改变自身,以身作则,反思自己上网的方式是否合理、使用的内容是否积极,给孩子树立榜样,让孩子耳濡目染学会健康使用网络,给予孩子高质量的陪伴,做到"增亲子之情,理假日之乐,广健康之趣,育博雅之操"。

第二章

成瘾性网络游戏的预防与教育

2018年6月18日,世界卫生组织(WHO)发布新版《国际疾病分类》,"游戏障碍",即通常所说的游戏成瘾,被列为精神疾病。相关规定一旦生效,WHO将通知世界各国政府将游戏成瘾纳入医疗体系。

第一节　认识网络游戏及网络游戏成瘾的界定

最近几年，随着移动互联网的发展，游戏已经从电脑转移到了手机上，手机游戏也成了网瘾的重灾区。于是伴随着游戏工具的便捷，网络游戏成瘾的人数也越来越多，而未成年是网游大军的主力。那么，究竟何为网络游戏？如何界定网络游戏成瘾呢？

一、网络游戏的特点

网络游戏，英文名称为 Online Game，又称"在线游戏"，简称"网游"。指以互联网为传输媒介，以游戏运营商服务器和用户计算机为处理终端，以游戏客户端软件为信息交互窗口的旨在实现娱乐、休闲、交流和取得虚拟成就的具有可持续性的个体性多人在线游戏。它如同一把双刃剑，具有其特定的优点和缺点。

1. 网络游戏有着独特的优点

作为一种在线游戏，网络游戏具有独特的优点。具体来说，包括如下几点：

一是游戏性。这是网络游戏的最大体现。不同于传统游戏中玩家仅扮演一个角色，按照既定路线完成游戏，在网络游戏中，玩家是自由的，可以自由选择人物、身着、职业、属性、任务、未来发展方向。如玩家可以拼命打怪升级做一个强者，也可以升级组建帮会做一个争霸天下的霸主，甚至可以做一个成功的商人，在买卖中学会钩心斗角赚到无数的钱。总之，这种变换的角色和特点，对习惯了单调生活的人产生了致命的吸引力。

二是群体性。这是指在网络游戏里，玩家并非一个人玩游戏，而是与来自全世界的玩家在同一个游戏里拼搏，除了不会产生孤单感，也让游戏具有了竞争性。在游戏的过程中，玩家会遇到不同的人与队伍，对方是友是敌，是握手言欢还是反目成仇均由自己决定。同时，无论是作为一名玩家还是群体中的一个，个人永远无法清楚接下来会发生什么。

三是自由性。这也是网络游戏与单机版游戏的最大区别。在网络游戏里，不存在固定的任务，无须将每一个任务完成即能继续下一个任务。可以说，一个人的一言一行均不受限制，可以率心由性地决定，因而极大地提高了玩家的参与性。

四是真实性。在游戏里，个人决定一切事情，因此需要用到相当多的现实知识。现实生活中玩家不可能实现的理想在这里均可得以实现。

五是竞争性。网络游戏中，无论是 PK 系统，还是比武大赛、帮会之争、攻城战斗，均可以大大增强玩家们争斗的趣味性，进而让其各显神通、智计百出。

2. 网络游戏的缺点

正所谓有优点便有缺点，网络游戏的缺点也是客观存在的。网络游戏创造出了一个极具吸引力的虚拟社会，对人们特别是自控能力不强、社会认知力不足的青少年学生极具吸引力和杀伤力。首先，网络游戏的场景非常逼真，情节非常的生动。网络游戏具有潜移默化的作用，容易使青少年学生将虚幻的世界与现实世界混淆起来。其次，脱离现实社会，提供一个可以为所欲为的虚拟社会，在这个社会中，可以对网络中看不到的人想打则打、想杀则杀，任意地交友，任意地结婚生子而不用承担社会责任。最后，网络游戏是没有完结性的，随着没完没了的任务的完成，游戏中虚拟的人物的等级也不断升高，朋友不断增多，声望不断提高，放弃的可能性就越来越小，它将伴着现实中的青少年一起成长。

二、网络游戏的具体危害

正是因为这些特点，网络游戏的吸引力是巨大的，也像毒品一样产生巨大的危害，青少年一旦陷入，便难以自拔。

案例

Z 是某高中高一学生，是家中的独生子，从小备受父母、爷爷奶奶宠爱，自制力很差。上了高中，独自一人来到县城，突然间失去了父母的约束，Z 同学对高中生活显得无所适从，于是网络就成了他生活的唯一寄托。同时，由于县城学生的整体学习成绩较好，而 Z 同学的学习基础较差，于是学习起来有些吃力。又因为没有什么特长，在校园里找不到展现自我的舞台，结果虚拟的网络游戏就让他找到了一定的成就感。从此，他每天沉迷于网络游戏中。因为过度上网，Z 同学和同学的关系越来越疏远。慢慢地，他由课余时间上网发展到整天上网，甚至经常包夜，旷课越来越多。老师多次找其谈话，均是当面答应得很好，事后经不起网络的诱惑，又跑出去上网玩游戏。同宿舍的同学也多次劝导几乎无效。为此 Z 的爷爷奶奶主动请缨到县城陪读。早上，爷爷买好早点到宿舍找他，除了上课时间外均和爷爷奶奶待在一起，晚上送回宿舍。在爷爷奶奶陪读的一个多月里，Z 同学基本没有旷课，也很少去网吧玩游戏了。后来，因奶奶身体不好需回家养病，陪读告一段落。爷爷奶奶走后，Z 同学又开始了旷课上网的生活。最终，因为游戏成瘾，高一下学期屡次旷课而被记过处分；又由于考试不及格，面临要退学的局面。

在这个案例中，Z 同学明显就属于网络游戏的受害者。那么，网络游戏的危害具体表现在哪些方面呢？

1. 导致学生集体狂欢和集体上瘾

网络游戏存在的竞争性和非现实性，会让学生过分依赖网络而失去对现实生活的兴趣，对生活、学习变得极其"倦怠"，有时候到了"没有游戏就天崩地裂，人没法活"的地步。长期沉浸于网络游戏而造成的心理迷失消磨青少年的生活意志，而使其成为"游戏世界的奴隶"。

2. 导致学生出现暴力倾向和行为

玩暴力游戏的学生比其他学生更具有暴力倾向。这是由于网络游戏大多以"攻击、战斗、竞争"为主要成分，网络游戏中充满了血淋淋的打斗场面。未成年人长期玩 AK 车、砍杀、爆破、枪战等游戏，火爆刺激的内容容易使他们模糊道德认知，淡化游戏虚拟与现实生活的差异，误认为这种通过伤害他人而达到目的的方式是合理的，产生欺诈、偷盗甚至对他人施暴等行为。目前，因为玩网络游戏而引发的道德失范、行为越轨甚至违法犯罪的问题正逐渐增多。

3. 致使学生的现实角色模糊

据 CNNIC 第 15 次统计报告显示，网民最喜欢的网络游戏是角色扮演类，占 44.1%。网络游戏可以使玩家在虚拟世界中自由选择扮演角色。在游戏里，青少年可以充分表达自己敢试敢闯的欲望，可以什么都尝试，失败了可以从头再来，拥有极大的行为自由和选择自由，而在现实世界中他们要遵守规则。因而他们开始逃避现实，对现实生活中的角色定位产生模糊感甚至厌恶感。

4. 引发生理疾病

沉迷网络游戏会造成青少年学生多种生理疾病的发生甚至猝死。长期爱好网络游戏的玩家的"职业病"有：假性近视、腱鞘炎（鼠标手）、颈椎病、骨质增生、神经衰弱、失眠、胃溃疡和胃萎缩。一般的游戏玩家也易陷入轻度焦虑、上火和口腔溃疡等生理病症。在医院接收的青少年患者中，由于沉迷网络游戏而引发各种生理疾病就诊的比例不断上升，一些常见于中老年人的病症也出现在沉迷网络游戏的青少年身上。更可怕的是，科学研究表明：沉迷于网络游戏和沉迷于物质毒品对人的神经系统的损害极其相似。

青少年学生一旦沉迷其中，网络游戏的内容就变成了不折不扣的"精神毒品"。

三、网络游戏成瘾的特点及界定

 案例

今年刚上初中的小亮，就是游戏成瘾发展较快的一位。小亮家里有一个上大学的哥哥，哥哥放假在家时，他就跟着玩网游。等哥哥上学走了，他也学会了。小亮再去学校时，满脑子想的都是游戏。于是，他想方设法跑进网吧。市区人流量大的网吧管理严格，他就跑到远郊管理不太严格的网吧上网。发展到后来他还"威胁"父母，不给去网吧的钱就不去上学。父母把家里的网络停了，甚至连手机上的网络也关了，但情况依然没有好转。小亮因为不能上网玩游戏，经常在家里发脾气，不愿见外人。

在这一案例中，小亮的表现就是网络游戏成瘾。下面，我们结合案例看一看网络游戏成瘾的具体表现和界定标准。

1. 网络游戏成瘾的特点

从精神卫生学角度对"沉迷"一词给出的定义是：一种强烈的渴求并反复地应用某物，以取得满足感（如兴奋、快感）或避免不满足感为特点的精神和生理病理状态。网络游戏成瘾是沉迷网络中的一种。结合案例可知，网络游戏成瘾的相关症状包括无节制沉溺于单机或网络游戏；因过度游戏而忽略其他兴趣爱好和日常活动；明知会产生负面后果却仍沉溺于游戏；晚上窝在沙发上，眼睛紧盯着手机屏幕，手指快速移动，赢一把就喜不自胜，输了就骂骂咧咧；用罢学"威胁"父母，经常在家发脾气等。

2. 网络游戏成瘾的表现

网络游戏成瘾的具体表现分为两种：一种是游戏障碍；一种是危险游戏行为。此二者各有特点。

（1）游戏障碍。

在网络游戏成瘾中，游戏障碍是当前中小学生表现较为严重的网络游戏成瘾现象。根据《国际疾病分类》草案中的描述，游戏障碍的特点是，持续或过于频繁地玩网络游戏或电视游戏，其表现为：在起止时间、频率、强度、时长和情境等方面，被游戏所控制；将游戏的优先性置于其他重要事项和日常活动之上；在游戏已产生负面影响之后，这种行为仍然持续或升级。

（2）危险游戏行为。

除了网络游戏成瘾，还有一种"危险游戏行为"（Hazardous Gaming）的疾病，是指在游戏时，对本人或周围其他人造成心理或生理上的伤害，通常表现在游戏频率、游戏时间、忽视游戏后果以及进行与游戏有关的危险行为等，而且本人即使察觉其行为的风险和危害，也无法自主停止行为。

3. 网络游戏成瘾的界定

WHO在草案中表示，网络游戏成瘾行为可能是持续性的，也可能是间断性的，它会对个人、家庭、社会、教育、职业等产生严重影响。那么，如何界定一个学生是否已经达到网络游戏成瘾的程度呢？

（1）专业诊断标准。

一般来说，专业人员诊断"游戏障碍"为一种行为障碍时，游戏行为模式必须足够严重，导致在个人、家庭、社交、教育、职场或其他重要领域造成重大的损害，症状通常明显持续至少12个月。具体来说，通常需要至少12个月的诊断。但如果成瘾特征非常明显，诊断时间可能缩短。为此，《国际疾病分类》中专门为"游戏成瘾"设立条目，并明确"游戏成瘾"的多项诊断标准。世卫组织表示，确诊"游戏障碍"疾病往往需要相关症状持续至少12个月，如果症状严重，观察期也可缩短。现行标准中一共列出了9种症状，一般要满足其中5项，才可考虑后续判断：①完全专注游戏；②停止游戏时，出现难受、焦虑、易怒等症状；③玩游戏时间逐渐增多；④无法减少游戏时间，无法戒掉游戏；⑤放弃其他活动，对之前的其他爱好失去兴趣；⑥即使了解游戏对自己造成的影响，仍然专注游戏；⑦向家人或他人隐瞒自己玩游戏时间；⑧通过玩游戏缓解负面情绪，如罪恶感、绝望感等；⑨因为游戏而丧失或可能丧失工作和社交。

在诊断上，该行为模式必须足够严重，使其个人、家庭、社交、教育、职场或其他重要领域造成重大危害，并持续至少12个月的时间，才能被诊断为"游戏成瘾"。

（2）日常观察标准。

在日常生活中，教师可以借助于对学生的观察，判断学生是否出现网络游戏成瘾的情况。判断一个人是否真的患上了"游戏障碍"，可以从以下几方面入手：

首先，可以看他是否对自己玩游戏的控制能力有所下降。比如，有些患者明知道自己的很多问题是因为玩游戏引起的，但他仍然不能控制自己继续玩。

其次，要观察学生是否因为游戏影响了生活。比如，为了玩游戏，有事情要办却不去办，该写的作业不肯写，甚至损害了身体健康，这都属于"游戏障碍"的症状。

最后，有的网络游戏成瘾者，如果有人阻止其玩游戏，或者将其电脑关上后，则会出现情绪激动、大叫甚至对他人实施暴力的现象。

另外要注意的是，仅仅一天熬夜玩游戏或者放假第一周疯玩游戏并不算是"游戏障碍"。确定一个人是否患上"游戏障碍"，需要症状长期持续至少12

个月。

（3）心理测试。

在以上两种方法的基础上，我们可以采用问卷的形式对学生的沉迷网络现象进行筛选。以下测试题可供参考。

以下关于网络成瘾的测评由 10 道题构成，以"是"或"否"的形式作答。答一个"是"，得 1 分，得分 5 分以上（包括 5 分）为网络成瘾。

1. 你是否对网络过于关注（如：下网后还想着它）？
2. 你是否觉得需要不断增加上网时间，才能感到满足？
3. 你是否难以减少或不能控制自己对网络的使用？
4. 当你准备下线或停止使用网络时，是否感到烦躁不安、无所适从？
5. 你是否将上网作为摆脱烦恼和缓解不良情绪（如紧张、抑郁、无助）的方法？
6. 你是否对家人或朋友掩饰自己对网络的着迷程度？
7. 你是否由于上网影响了自己的学业成绩或朋友关系？
8. 你是否常常为上网花很多钱？
9. 你是否下线后感到无所适从（如烦闷、压抑），而一上网就来劲？
10. 你上网的时间是否经常比预计的要长？

第二节 学生网络游戏成瘾现象的分析

每次心想，再来一把就睡觉；一把结束后，又想，再来一把就睡觉；结果，一把接着一把玩到深夜；或者，中午匆匆吃完午饭，就迫不及待地来两把游戏……

你是否在自己的学生身上发觉这样的现象？你是否发现学生玩游戏的时间越来越多，而且无法自拔？这其实就是网络游戏成瘾的表现之一。那么，学生网络游戏成瘾的表现和原因是什么呢？

一、学生网络游戏成瘾的表现

心理学专家观察发现，"游戏成瘾的学生，都是从刚开始接触到慢慢沉迷，到最后无法自拔"，这一时间可长可短，最短的半年时间就会深度沉迷。那么，这些学生的具体表现有哪些呢？我们一起结合前面的介绍，由几个案例进一步体会。

1. 身心受伤

所谓身心受伤，是指网络游戏成瘾的学生因为长时间沉迷于网络，会引发身体疾病和心理问题。

案例

小余（男，17岁）常常逃课在网吧玩游戏。一天下午，小余像往常一样来到网吧玩游戏，没多久，他往后倒在椅子上，两手不停地抖动，口喘粗气，送往医院抢救无效后死亡，原因是玩游戏时间过长、过度兴奋而猝死。

某校初二学生小A，13岁，从六年级开始迷恋网络游戏，刚开始还能克制，只在晚上或者中午休息时借机出去上网,随着迷恋游戏程度越来越深,常请假外出上网,周末通常也在网吧度过。小 A 的父母都在外地做生意,没钱上网时,他就向爷爷奶奶以买学习用书之名骗钱。近一年来,小 A 上课注意力集中困难,脑海里经常浮现网络游戏的场面,学习成绩明显下降,同时出现了头昏、失眠、记忆力下降、焦虑抑郁、孤僻等症状。

上述案例中的小余和小 A,就是明显的因为网络游戏成瘾而出现的身心受伤,前者枉送性命,后者出现身心问题。

2. 行为失控

这是指中小学生一旦患上网络游戏成瘾的症状,就会在特殊或被迫不能上网的情况下,产生烦躁不安等情绪体验和全身颤抖等生理反应,因此导致行为失控,做出伤人伤己的事情。

案例

某市的一个 15 岁的高中生因上网成瘾,整天迷恋于网络游戏,平时少言寡语,精神呆滞,长时间逃学。他的妈妈见儿子如此沉迷,多次劝阻无效,于是和他的爸爸商量好后,将儿子锁在家中。结果 5 天后,这个学生因网瘾大发,开始焦躁不安,同妈妈争吵几句后,便将妈妈杀死,造成血案。

这一案例中,这位高中生就是因为网络游戏成瘾而引发心理问题,进而出现行为失控现象。

3. 生活失调

这一症状突出表现为以下两方面:一是网瘾者的思维、情感和行为全由上网这个活动所控制,上网成为其主要活动,在无法上网时会体验到强烈的渴望。二是上网成为网瘾者应付环境和追求某种主观体验的一种策略,通过网络活动可产生激动、兴奋和紧张等情绪体验,也可以获得一些安宁、逃避甚至是麻木的效果。

案例

某中学生迷恋上了网络游戏,最后发展到不上学,终日在网吧度过,每天连网吧的门都不出,甚至达到了"走进网吧时是冬天,孩子还穿着羽绒服,当其走出网吧时,已是春暖花开,大街上有的人已经穿上短袖衣服了"的程度。

在这个案例中，这名中学生网络游戏成瘾的程度，就表现为生活的失调，一方面不从事其年龄要求做的事情——学习；另一方面在衣着和生活中没时间感，生活完全失调。

4. 耐受性增强

所谓耐受性，是指网瘾者必须逐渐增加上网时间和投入程度，才能获得之前曾有的满足感，就像吸毒者必须逐次增加毒品摄入量一样。

案例

某家长发现自己16岁的儿子总往家买尿不湿，起初担心儿子是不是得什么恋物癖了，但又看不见他在家里穿，也不摆弄，想当面问，又怕伤害孩子。"孩子能用尿不湿干啥呀？"带着这个困惑，这位家长请心理咨询师帮忙，结果才获知孩子最近迷上了一款网络游戏，和一帮志同道合的网友共同加入了一个公会，彼此间常常联合完成游戏任务。结果大家玩起来很投入，互相帮着练级，特别是遇到关键任务，眼睛都不能眨一下。为了不因为上厕所而耽误事儿，于是这个孩子去网吧打游戏时都穿尿不湿。而据这个男孩说，他所在的游戏公会，像他一样穿尿不湿打游戏的至少有40人。

在这一案例中，沉迷于网络游戏的学生，甚至为此在不需要穿尿不湿的年龄穿尿不湿，足见其投入时间的耐受性增强。

二、学生网络游戏成瘾的原因

案例

年仅16岁的少年胡某在服用了农药之后，被紧急送往医院进行抢救。到达医院时，胡某已经生命垂危。两天后，胡某离开了这个世界。是什么原因导致胡某以这种极端的方式结束自己的生命呢？胡某的家人、老师和同学一致认为网络游戏是致使胡某自杀的罪魁祸首。

原来，在胡某自杀前，他曾于当地一家网吧里疯狂地玩了11天的网络游戏，随后就发生了自杀的悲剧。然而网吧老板却提出了强烈的反对，声称胡某在自杀的前几天的确是在他的网吧里度过的，不过只是4天，而且胡某在到网吧的时候就已经有些异常。他还指出，胡某不是第一个到他网吧玩网络游戏的孩子，其他孩子都没有发生过类似的事件，由此说明胡某的自杀与玩网络游戏没有直接的关系。而且，对于一个16岁的初三学生来说，学习压力过大，缺少家庭关爱以及违法犯罪之后的畏惧心理等，都有可能成为他走上绝路的动因。

在胡某自杀这一事件的调查过程中，相关人员得知，胡某生活在一个幸福的家庭之中，经济状况较好，拥有父母的关爱，而且还没有升学的压力。胡某本人没有任何劣迹，因此除了网络游戏，找不到可以解释胡某自杀的其他理由。而在对胡某抢救过程中，胡某向父母讲述了自己11天的出走经历。原来，为了好好打网络游戏而不被父母找到，胡某避开了从前常去的县城里的网吧，而是去了一个乡镇里的网吧。最初，他每天吃一袋方便面，后来每三天才吃一袋方便面，晚上就将三个椅子拼起来往上一躺就睡了。他对父亲说，自己之所以明知农药有剧毒还喝，是因为不想让自己被救活，因为自己已经玩够了。他对母亲说，自己管不住自己，就是想玩，管不住自己的腿，但也不想气妈妈，不想对不起妈妈，可就是控制不住自己，甚至在夜里心里还老是想着游戏，老是睡不着，就是想玩。临终前，胡某的手甚至还在动着，似乎还在打着游戏，临终前的最后几句话是："有怪过来了。杀光！杀光！"

可以说，胡某的这件案例，将青少年网络游戏成瘾的原因几乎全部囊括其中。让我们具体分析整个案例。

1. 学生的身心发展特点决定

中小学生之所以会网络游戏成瘾，与这一阶段学生的生理和心理特点有关。一方面，中小学生正处于成长的关键时期，他们对事物充满了好奇心，而网络游戏开发商正是抓住了他们好奇心强、辨别能力和自我控制能力差的特点，步步设套，环环设陷，进而使之成瘾。

当前，中小学生学习压力较大，尤其是一些基础较差的学生。他们在接受新知识时，由于基础较差，可能会经常遭受挫折，加之成绩差而得不到家人、老师和同学的理解，心中充满了苦闷。而网络游戏可以让他们脱离现实，在满足好奇感的同时，拥有成就感，增强自信心，进而忘记心中的苦闷，缓解压抑的情绪。

中小学生精力旺盛，思想活跃，具有强烈的好奇心和丰富的想象力、创造力，敢于打破常规进行尝试。网络游戏层出不穷、不断升级换代、不断更换玩法的特点非常适合他们的这种性格特点，也是他们之间交流的共同话题和方式。因此，在好奇心的驱使下，青少年学生必定会对网络产生浓厚的兴趣。倘若缺少必要的监督与引导，最终网络游戏成瘾就是相当自然的结果了。

青少年学生自我保护意识淡薄，也是他们网络游戏易于成瘾的原因之一。这是因为大部分青少年学生的心智发育还不成熟，对事物的分辨能力不强，自我保护意识淡薄。面对形形色色、良莠不齐的网络游戏，青少年还不完全具备准确的判断能力和辨别能力，容易被网络游戏强烈的画面所刺激和吸引，容易随波逐流，在不明真相的情况下，慢慢掉进网络游戏的无底洞之中。

此外，青少年学生的自制力比较差，心理防御能力较弱，其内心世界相当单纯，很难对自己进行有效的控制，特别是面对极具诱惑、极易引起他们兴致的网络游戏，也就极难做到自觉抵制和远离，进而沉迷游戏，尤其是那些高焦虑、低自尊、有抑郁倾向的青少年学生更是难以自拔。

2. 游戏自身的特点

造成学生网络游戏成瘾的原因还在于网络游戏自身的特点。网络游戏不同于电影、电视剧和小说的情节发展和结局的既定性，以及观众或读者的被动性，它给予了玩家直接参与其中的自我主动性。因此，身为玩家的青少年可以参与到游戏中做主角，充分按照自己的意愿操控游戏的进程与结果，甚至在游戏里可以傲视群雄、为所欲为，获得成就感和自信心。这是青少年网络游戏成瘾的原因之一。

相比网络游戏，无论是看电影、看电视，还是打球、下棋等休闲娱乐活动，基本上两三个小时就可结束，因此人不易沉迷。网络游戏则不然。网络游戏就算是一个人天天玩，数月乃至几年也不会打完，这是因为游戏设计者为了长期抓住玩家的心，利用了青少年争强好胜、喜好新奇攀比的特点，不但让游戏不断升级，而且在游戏中安排了几十甚至数百种级别、职业和各种不同的装备、宝物。于是青少年学生在好胜心理和好奇心理的推动下，会不知疲倦地日夜拼杀其中。

3. 社会的影响

网络游戏成瘾，除了青少年自身的原因、游戏自身的特点，还在于社会的影响。须知，对特定的人而言，特定环境的不作为也会造成社会危害。青少年生长在社会生活中，一些不良的社会现象会对他们的成长造成不利的影响，如游戏商和网吧经营者在利益驱使下的违法经营，相关部门监管不到位，均为青少年网络游戏成瘾提供了条件。

首先，当今社会呈现出多元化、复杂化的特点，相当一部分人急功近利、唯利是图，比如一些游戏开发商。他们为了追逐经济效益，置国家法律法规和社会公德于不顾，开发和引进一些暴力、色情的游戏，造成网络游戏成瘾现象泛滥。

其次，网吧经营者在管理上不规范，尤其是那些不良网吧，披着传播网络文化的外衣，做着向青少年输送低级、色情、暴力等"精神毒品"的违法勾当。经常推出各种优惠方法，如办会员卡、包夜等，以吸引那些囊中羞涩的青少年；还有一些网吧经营者收集一些成年人的身份证提供给青少年上网，诱使他们沉迷于网络游戏。

最后，有关部门对网吧监管之不力，也为不良网吧的经营者提供了可乘之机。

此外，无孔不入的网络覆盖和层出不穷的电子产品也为网络游戏的盛行提供了充分的条件。随着网络覆盖范围的全面化，无论是家庭、办公区域或公共汽车、地铁上，均可以随时接入网络。电子产品种类繁多、层出不穷，从台式电脑到手提电脑再到平板电脑，花样翻新，使用更加便捷；各种智能手机不断更新换代，人手一机，随时刷屏，随地升级，这些均为网络游戏传播创造了先进的硬件条件。在这样一个被网络和电子设备充斥的社会环境中，青少年沉迷网络游戏简直是必然的结果。

4. 家庭的影响

分析一些学生沉迷网络的原因时会发现，其中相当多的学生均是在家长无意识的情况下形成的网瘾。有些家长自己也是"手机控""低头族"，一有空闲，手机、电脑平板就不离手。有些是孩子幼年时，家长有时为了让淘气的孩子安静下来，不打扰自己，会用游戏来吸引孩子的注意力，给孩子一个手机，让其玩游戏。还有些家长把玩网络游戏作为奖励、激励孩子的手段。面对这些不良的管教方式，很多家长不以为然，认为孩子玩一会儿手机并无大碍。长此以往，孩子则很容易沉迷网络。

案例

波波是一个聪明又帅气的孩子。他自小有"书性"。14岁那年上初中，起先学习成绩还名列班级前茅。可是由于和老师发生争执受到点名批评，自尊心特强的波波就辍学回家了。疼爱孩子的父母就将波波送进了外地一所学校。结果由于学校的伙食不尽如人意，学习科目又特别辛苦，波波吃不起这份苦，一个学期后再度辍学。紧接着，望子成龙心切的波波父母又将他送进了本地的一所职业学校。在随后的一年半时间里，波波常常瞒着父母逃学，接触网吧，最终因成绩不合格没能拿到毕业证书。随后，波波成了网吧里的常客。心疼儿子的父母对于波波上网玩游戏并不在意，认为孩子上网玩玩没啥不好，"只要儿子不在外惹祸，就是上上大吉。"于是，每每儿子要钱上网吧，他们总是照给不误。随着波波要钱数量的增加，他离家的时间也在增加，有时甚至半个月泡在网吧的包厢不回家，还学会了抽烟。波波的父母感觉到事情不妙，在力劝儿子无效后，为了帮助儿子"戒网瘾"，这对父母特意买回了一台电脑，专门腾出一间房，在家里给波波建了一个考究的"网吧"：屋内准备了茶水和香烟。从此之后，波波确实是很少离开家了，但他却是一头扎在了网络里，玩的内容只有一个："传奇"游戏。半年下来，波波白天呼呼大睡，晚上整夜上网，性格也逐渐变得古怪，冷不防向家人发一通火。有时，爸爸劝他几句，结果总会招来他一番"拍桌打凳"。最终，波波的爸爸意识到自己当初的"小洞不补，大洞吃苦"，无奈之下只好向心理咨询人员求助。

这个案例说明：家庭成员自身迷恋网络游戏，对青少年也易造成错误的导向。相当多的家长平日忙于工作，缺少对孩子的陪伴，孩子在家中自由上网玩游戏而长期缺少监管，极易造成网络游戏成瘾。有的父母本身就是网迷，整天趴在网上忽视了对孩子的照顾，要求孩子做作业时自己却在玩网络游戏，给予孩子一种错误的导向，进而滋生了孩子上网的欲望。

还有的家长在教育网络游戏成瘾的孩子时，并非晓之以理、动之以情，而是打骂相向，结果导致孩子产生叛逆心理，在网络游戏成瘾的泥潭里越陷越深。

第三节 网络游戏成瘾的预防与教育

各种资料显示,目前在中国市场销售的网络游戏大约有95%是以刺激、暴力和打斗为主要内容的。这些游戏不但画面血腥、暴力,而且音乐也极力渲染,刺激着青少年学生,从而使之沉迷于网络游戏,有些人因此而耽误了学习、生活甚至正常的社交,进而达到网络游戏上瘾的程度。那么,如何预防和根治学生网络游戏成瘾这一问题呢?

面对网络无孔不入、硬件设施不断升级的现实,要预防青少年网络游戏成瘾,就需要学校、家庭等多方的配合。

一、学校积极采取相应的预防措施

学校是学生学习、生活的重要场所。因此,学校可以借助于这一得天独厚的条件,对学生的网络游戏成瘾加以预防。

1. 学以致用,正向引导

在现代信息社会,网络已日益成为青少年生活中不可忽视的一部分。因此,学校可以引导青少年利用网络资源和信息技术开阔视野,掌握更多的信息,了解更多的未知领域,以促进其学业的发展和个性的培养。

(1) 学以致用的形式。

有计划、有组织地开展网页制作、游戏开发等活动,就是极好的学以致用的预防青少年网络成瘾的好方法。

案例

某校在开展预防学生网络游戏成瘾的活动中,利用信息技术课,由老师组织学生开发设计"模拟城市规划"游戏。在游戏中，学生扮演城市的市长去建设一个现代化的城市，要面对一个个有待开发的地段，要建发电厂、公安局、消防队、各种各样的楼房、各种各样的娱乐区……学生要对城市的工业、农业、交通、治安等问题做通盘的考虑和计划，如果处理不好，就会全盘失败……在这样的游戏中，学生切身体会了作为一个市长可能遇到的一切问题。这款游戏为那些以从政为理想的学生提供了模拟的实践场所。学生在玩这种游戏的过程中，不但获得了喜悦感和满足感，而且是在一定程度上满足了自身的"自我实现的需要"。而在重复玩游戏的过程上，学生可以不断实现自己的潜能、智能和天资，并且还增强了自信。

这一案例中，学校采用游戏开发的方式来引导学生，真正地激发和培养学生的内部动机。研究表明，在开发游戏的过程中，学生不但被培养和激发起高度的学习责任心，认识到学习的重要性，一旦遇到不懂的问题，就会千方百计去搞清楚，而且，这种学习的责任心能使学生主动形成良好的学习习惯，而一旦具有了良好的学习习惯，学生就一定会在学习上获得较为优秀的成绩。

（2）正向引导的前提。

事实上，那些痴迷于电子游戏的学生，归根结底也是对电子游戏产生了一种类似"责任心"的情感，于是他们就一切以游戏为重，进而产生一种迫切"赢"得"战争"胜利的需要。可以说，学生对网络游戏上瘾，完全是出于一种对游戏本身的痴迷和热爱，是一种内部动机的驱使。因此，要真正地激发和培养学生的内部动机，就必须培养学生爱学习的习惯，并不断予以强化。研究表明，学习动机纯粹是一种来自内部的认知内驱力和希望成为一名心目中理想的好学生的形象的外部动力。因此，教师的授课水平和个性特征非常重要，它们会直接影响到学生对学习的兴趣以及对学校生活的热爱。如果这一时期的学生学习动机能被很好地激发，则对于其以后的学习生活能提供非常好的习惯支持。

不过，由于学生之间在智力水平上有着或多或少的差异，加上教师的授课方式有时缺乏生动性和趣味性，学生的学习效果会很快发生两极分化，学习"跟不上"的学生越来越多。这部分学生起初由于认知内驱力和羡慕学生地位所引起的学习动机肯定会发生变化，进而出现自暴自弃的现象。要解决这一问题，一方面要依靠教师授课水平的不断提高；另一方面教师在平时的教育过程中要注意培养学生的学习责任心，养成良好的学习习惯。而游戏开发，就可以达到这两方面的目的。

（3）实施学以致用方法的原则。

采用学以致用的方式，引导学生正确利用网络，是杜绝学生沉迷网络游戏的好方法。倘若要采用网页设计和游戏设计的方式，学校和教师在组织活动时要注意教会学生判断和选择，指导和帮助学生合理安排活动。

教师要加强对学生的独立性训练。研究发现，个体的独立性程度会影响到其成就感的高低。这一点非常重要，但往往最不容易做到。为此，学校首先要做的是让学生明白什么是真正意义上的"独立"。"独立"并不是自己想干什么就干什么，而是对自己负责地制订发展计划，有目的、有毅力地去实施计划，完成应尽的学业，成为社会的有用之才。同时，学校还可以家校联系，争取使每一个家长都意识到培养孩子独立意识的重要性，而不是仅仅给孩子金钱上的满足或者是"棍棒式"教育。借助家校结合，共同培养孩子的责任意识。

2. 疏堵结合，激发兴趣

对于网络游戏成瘾，单纯地对学生严厉管教并不会起到太大的作用，只能导致学生采用更加隐蔽的方式去上网。因此，要预防学生网络游戏成瘾，引导学生远离沉迷网络，疏堵结合是关键。

在"疏"的方面，学校可以为每个学生建立成长档案袋，加强学生行为养成教育。学校和教师要注重提升学生的内心修养。而这正是以战争、足球等挑战性较大的内容为题材的网络游戏给新形势下的教育提出的更大的挑战。在这样一个时代背景下，主体的判断能力和选择能力起着非常重要的作用。如果教育仅仅是灌输式的，只是教会学生怎样学习、怎样应付考试，没有更多地关注学生的内在修养和身心健康，没有更多地关注学生作为现代人所必备的能力，那么学生沉溺于网络游戏就不足为奇了。研究显示，有些对游戏成瘾的学生不是真正对电脑感兴趣，而是因为在现实生活中对人际交往、学校生活、社会活动的处理上出现困难的结果。学校和教师不妨借助于科学而有意义的社会活动、学校生活，用丰富多彩的活动代替网络游戏。学校可以组织各种类型的课外活动，如成立文学社、田径队、篮球队、书法组、太极拳等社团，积极开展文体活动，有的学校还每年举办一届"校园吉尼斯""校园艺术节""文明风采竞赛"等，目的是提高学生的内在素养。同时，学校可以有组织地宣传先进的思想文化、三好学生和学校优秀毕业生的事迹，让学生更全面、深入地了解社会，树立正确的价值观、职业观，使之自觉远离沉迷网络。

在"堵"的方面，学校一方面要推行无空档管理模式，坚持对学生上课纪律、活动纪律、两休纪律、校园秩序等方面24小时巡视督查，推行准军事化管理，招聘优秀教官进校园并成立教官临时党支部，协助做好学生管理工作；另一方面，学校要协调家长，通过正确引导和合理监督，不仅直接控制青少年在家、在校的上网时间，而且要提高他们合理使用互联网的能力。

3. 创设教学氛围，激励学习兴趣

网络游戏固然给学生造成了危害，但同时也提醒我们，学生之所以对网络游戏成瘾，究其原因还在于游戏的开发和设计。诚然，游戏是死的，但开发者却能让玩家参与其中，使之灵活变化玩法。这与现实教育的功利化相比，增加了主动性和积极性。这就提醒我们学校和教师，倘若想让学生远离网络游戏，最好的办法就是激发学生的学习兴趣，而创造教学氛围、改变教学方法则是关键。

案例

在小学三年级计算机教学中，键盘指法是一项重要内容，也是计算机操作的基本功。但指法练习是一件单调、枯燥无味的教学内容。在计算机课上进行练习时，侧重于指法的教学。初步掌握了键盘指法之后，W老师又用游戏的形式提高学生准确性及速度，还利用儿歌、游戏等多种形式引导学生积极主动地学习。例如：最初教学指法练习时，让学生在打字软件中练习英文字母"摘苹果"比赛，这样就使学生很容易记住每个字母所处位置，制造出"学中作乐"的学习气氛。在初步掌握了键盘指法之后，又利用"兵捉贼"游戏同桌间互联比赛的形式来提高学生的学习兴趣，同时开发了他们的智力。通过学习成果的反馈，提高了学生的学习自觉性和主动性，使其从中品尝到收获的乐趣，增强了学生的成就感。

这一案例中的老师就巧妙地借鉴了游戏的方式，激发学生的学习兴趣，从而提高学习效率。由此表明，教师在教学中要注意不断完善教育教学模式，如课程目标只设置一个总体目标而不设置考核细则，让学生根据自己的喜好选择可以达到目标的途径。

4. 热点活动，讨论认识

除了在教学方法上采用激发学生兴趣和分层设计目标的方式、任学生自主选择，教师还可以抓住当前网络游戏成瘾中的热点问题引导学生进行讨论，加深学生的认识。

案例

针对当前中小学生网络游戏成瘾现象严重的问题，W学校以"提高个人修养，做文明学生"为主题，开展"我说网游，我看网游"的校园大讨论，以班会的形式或网上跟帖的方式，就此问题进行讨论。全校学生和老师、专家进行网上对话。结果学生发出的帖子达到5600多个，进而在学生中形成了"认识网游，塑造自我"的氛围。

这一案例说明，采用公开讨论的形式，请学生在大家的讨论中思考，参与到对网络游戏成瘾问题的讨论中，更能让学生深刻理解沉迷网络游戏的危害，进而促其自我反省。这种方法远胜于强制性教育的单方面的预防。当然，公开讨论的形式有很多种，如学校可以针对近段时间发生的网络游戏引发的案例进行公开讨论，也可以采用上述案例中网上跟帖对话的形式，让学生主动参与进来，从而起到良好的预防效果。

案例

班会课上，班主任利用精心制作的课件，通过一个个在网络游戏中迷失自我的案例故事，进行"沉迷网络游戏的危害有哪些""怎样才是绿色健康上网"等一个个话题的讨论，引导学生对上网有关问题的思考。同时，老师还要求同学们做到：不进营业性网吧，不进垃圾网站，不玩网络游戏，正确处理好上网与学习的关系。通过此次活动，学生们能真正认识到沉迷于网络游戏的危害，从而远离网络游戏，争做绿色健康上网的标兵。

这一案例说明，各班级可以采用主题班会的形式，组织学生针对网络游戏的危害进行讨论，从而加深学生对网络游戏的危害性的认识，进而使之主动远离网游。

5. 针对预防，目标明确

诚如前文所说，并非所有的学生均会网络游戏成瘾。因此，预防学生网络游戏成瘾，宜采取针对预防、目标明确的方法，关注高危群体，进而有目标、有重点地进行。一般来说，网络游戏成瘾的高危群体包括：

学业不良的学生，是指那些由于经常学业失败、自尊心受到打击、有时会一蹶不振的学生，他们通常会将精力向另外方面发展，进而成为网络游戏成瘾的对象。

行为存在问题的学生，是指存在品行不良、攻击性行为、退避行为、多动行为和强迫行为等行为问题的学生。

身体有缺陷的学生，是因为这些学生的身体缺陷不仅影响学习效能，同时也影响其人格发展。一个生理有缺陷的学生，无形中在社会适应上会增加很多困难。他们往往会受到别人的歧视和嘲笑，以致加剧自卑、退缩、孤独等人格特征。这种性格特征极易导致他们躲入网络游戏中寻找安慰和刺激，获得成功感。

受情绪困扰的学生，是指由于学生早期遇到过多的困难或挫折而无法克服，因此产生焦虑和不安全感，影响到了学习的动机、热情和效率。有的学生由于情绪困扰，容易冲动、过度紧张、孤僻冷漠、喜怒无常，会严重影响他们人格的发展，进而成为网络游戏沉迷者。

家庭环境不利学生，是指那些因为急剧的社会变迁而出现的离异家庭、寄养家庭、贫困家庭。处于这些不利家庭环境的孩子一方面缺乏情感上的关爱，另一方面面临经济上窘困的压力。这双重压力又会引起情绪和行为问题，进而出现网络游戏成瘾。

除了以上这些学生，一些人际适应不良的学生以及有着各种成长烦恼的学生都是网络游戏成瘾的高危人群，理应成为学校和教师预防学生网络游戏成瘾的重点关注对象。

二、家庭积极参与预防活动

要做到预防学生网络游戏成瘾，除了要在预防上采取多种措施，学校还要积极调动家长的主动性和积极性，让家庭能参与到预防活动中，如此方能达到预防学生沉迷网络游戏的作用。

据 2017 年的一项调查显示，有 96.76% 的学生在家上网，上网工具为手机的占 71.14%。显然，这与十几年前的学生沉迷网络主要是在网吧的情况已大不相同。预防青少年沉迷网络游戏，家庭教育比学校教育、社会教育更为基础和关键。然而，相当多学生网络游戏成瘾的原因在于家长的教育方法不当。对此，学校可以定期组织家长来学校，有针对性地向家长宣传孩子网络游戏的危害，促进家长的反省，引导家长对孩子玩网络游戏高度重视、科学管教。

首先，学校或教师要指导家长认清孩子是否处于网络游戏成瘾的状态。具体来说，可以让家长以下面的标准判断孩子是否"成瘾"，早点揪住苗头，一是观察孩子除了打游戏之外，是否还有其他兴趣爱好；二是观察孩子是否每次打游戏都一个人关在房间，长时间不和其他人交流；三是观察打游戏是否成为孩子和外界沟通的唯一方式，在非游戏世界无法与人沟通；四是观察是否存在重型的精神疾病，比如行为特别古怪，有可能属于精神分裂症的早期。

其次，学校要引导家长认识到问题产生的根源，指导其运用科学的方法教育孩子。比如，聘请专业人员为家长开设"网络中毒"预防讲座，让家长了解网络游戏成瘾的表现，以便及时教育孩子；指导家长培养孩子正确的网络使用习惯；有针对性地指导家长注意建立和谐的亲子关系。

案例

W 的妈妈发现自己的孩子有很长一段时间晚上回来得很晚，要么说去同学家做作业，要么说在学校把家庭作业做完了。可是当她偷偷跟踪了一次孩子，才发现孩子确实是在学校把作业做了，可是回来之前还要跑去网吧玩上好半天游戏。这位妈妈搞不明白，自己平常在家里也不会禁止孩子玩电脑，可孩子怎么宁愿去网吧玩游戏也不愿意在家里玩？这位家长和学校的老师沟通了这件事，老师经过对孩子的侧面了解，发现问题在于家长的教育方式。原来 W 的妈妈虽然知道孩子是在学习完成后才会玩游戏,可是依然喜欢唠叨孩子,觉得孩子玩游戏浪费时间,还不如多做练习。虽然对孩子上网没有进行实质性的阻拦,但是家长的不理解与唠叨会影响孩子在家的情绪。孩子嫌家长烦,出现宁愿去网吧也不愿意在家玩的情况。于是这位老师指导W的家长调整教育方法,主动与孩子交流沟通。经过一段时间后,亲子之间建立了和谐的关系,孩子去网吧玩游戏的现象也不见了。

最后,学校或教师要关注学习困难的学生,指导家长协助孩子解决学习困难,助其寻找成就感和自我价值感,从而避免其陷入网络游戏。教师要提醒家长,当发现孩子出现网络游戏成瘾的苗头时,不要一下子断绝;突然断绝后,会让孩子情绪和心理上无法适应。家长不妨和孩子一起制订一些学习计划或生活计划培养孩子的责任心和原则性。

案例

放学接回孩子后,冬冬的妈妈让冬冬做作业就去准备晚饭了,等到她从厨房出来,才发现冬冬的书本和笔都凌乱地散在桌子上,应该写作业的冬冬却抱着手机在玩游戏。冬冬妈妈怒火中烧,因为在学校老师已经找她谈过孩子这几天的数学家庭作业完成情况很糟糕。等她疾声厉色地呵斥孩子并把手机收回来后,冬冬很委屈地说:"数学太难了,我都不会。"

像案例中的冬冬这种玩网络游戏的现象,并非是抗拒学习,而是在学习中遇到困难,出于逃避的心理,就容易将注意力转移到游戏上去。学校和教师要指导家长对于学习存在困难的孩子,进行作业辅导,找到孩子学习的薄弱环节,补上短板。

三、沉迷网络游戏学生的教育引导

网络游戏成瘾让众多学生沉迷于网络,引发身心疾病,严重者甚至危及生命。因此,除了我们及时做好学生的网络游戏成瘾的预防工作,还要针对那些网络游戏成瘾的学生,做好科学的教育工作。具体来说,学校和教师可以采用以下方法进行教育。

1. 针对交流，科学引导

学校或教师要对有网瘾行为的学生讲明其行为的危害性。通过沟通，了解其内心的意图或动机，共同探讨问题的解决办法。跟网络成瘾者进行心灵沟通的时候，要走进他的心灵，使其对"教师是在帮他"这一思想有认同感，谈话就会比较自然。教师要帮助他们得出"自己上网打游戏已经成瘾"的结论，而不是强制着把结论灌输给他。让学生自己得出结论，自己认识，是让他从内心去理解、认识道理，继而认同学习，愿意好好学习。

2. 家校协手，监督管理

学校教师与家长要加强联系，不让网络游戏成瘾的学生在活动时脱离教师、家长的监护；禁止他们和染上"网络游戏成瘾"的人群来往；对这样的学生个体做耐心细致的思想工作，使其认识到网络游戏的危害；及时向有关部门举报违规经营的电子游戏机场所，使之及时得到查处；让积极向上的优秀学生与成瘾学生结对；培养、支持健康的业余爱好活动；设法使成瘾者与同龄人建立良好的关系，使其不脱离正常社交群体。

3. 专业性的干预和治疗

针对那些网络游戏成瘾的学生，学校可以协调家长，对其进行专业性的干预和治疗，以帮助他们尽快从网络游戏中走出来。一般来说，这种专业性的干预和治疗包括团体心理辅导和个体心理咨询两种。

所谓团体心理辅导，是指针对网络游戏成瘾的学生团体进行的治疗，以团队的形式，对学生进行治疗。一般来说，团体心理辅导的前提要先确定学生网络游戏成瘾的原因，将具有共同原因的学生集中起来，分成小组进行团体心理辅导。借助于团体心理辅导，指导学生如何把握和控制新生事物，如何处理学业压力和人际关系，如何面对挫折和困难，如何寻求心理平衡找回自信等。当这些非常重要的内容解决后，学生增强了自信心，学会了应对困难的技能和方法，增强了勇气，就可以很好地认识自己、发掘自己，培养良好的人际关系，加强与同学间的交流和沟通，有助于他们远离网络游戏。

当然，在进行团体心理辅导时，班主任还要多和学生接触、交流，主动了解其学习、生活情况，与他们交朋友，营造宽松、和谐、民主的班级气氛。另外还要多鼓励他们参加集体活动。参加集体活动不仅可以增加他们与同伴的交往和接触，提高其人际交往能力，还能锻炼意志力、自我控制能力等，从而使心理得到健康发展。

所谓个体心理咨询，是指针对网络游戏成瘾的学生个体的心理咨询与治疗。一般来说，学校最好要设有"心理健康咨询与指导中心"，使其与学校心理指导教师组成针对网络成瘾问题的救助志愿组织，帮助患有不同程度"网络成瘾症"的学生尽快走出困境，回到正常的生活中来。而对已经沉迷网络游戏且已患有网络游戏成瘾症的学生，则需由专业的心理咨询教师采用适当的心理治疗手段来矫正。其中，认知行为疗法就是常见的治疗学生网络游戏成瘾的方法。

案例

浩浩是一名高二男生。他从初中开始接触电脑，网龄3年，平时上网爱打网络游戏，以去网吧为主；进入高中后，玩上了瘾，越发不可收拾，泥足深陷。作为重点班的学生是决不允许上网的，但已经上瘾了的浩浩顾不得这些了，终于有一天被班主任知道了。班主任耐心地教导浩浩，于是在一段时间内浩浩没有去网吧。但好景不长，老师的教诲和父母的叮嘱逐渐淡忘了，浩浩便又开始上网。就这样，这个从小在父母眼中的"乖孩子"一碰电脑就沉浸在网络游戏中，一旦离开了网络游戏就会变得焦虑不安，时刻想着去上网。

针对浩浩的这种现象，加之浩浩本人也存在着要改变的愿望，于是心理老师联合家长、班主任，共同制定了对浩浩的辅导方法：

（1）在家里，家长要给予浩浩积极的关注，在生活中给他一个宽松的环境，在浩浩面前决不能出现任何让浩浩觉得自己不被信任的眼神和话语，选择时机和浩浩加强交流，多听听浩浩的心里话，增强彼此的了解；日常生活中对浩浩偷偷上网事件要给予谅解，尽可能多花时间陪浩浩，组织一些家庭亲子活动等等，和浩浩一起来努力帮助其戒网；多给予鼓励，少打骂。

（2）在学校，老师尽量多安排一些有益的课外活动，帮助浩浩形成固定的业余爱好，使他体验到现实生活其实比网络更丰富多彩，而且有事可做、有成绩可出，提升他的成就感，让他的兴趣迁移到学习中来。

（3）在学习上，让浩浩多体验学习的快乐。针对浩浩觉得学习是一件枯燥无味的事，首先要帮助他把落下的功课赶上去。班主任和各任课教师要多关心他的学习，帮助他在学习上查漏补缺，不要操之过急，给他一个努力的过程；经常找他谈心，多了解他在学习上的困难，及时给予解决。

（4）在班集体中，发挥集体的力量，让更多的同学去关心他、帮助他，鼓励其与同学加强人际交往，帮他树立信心，战胜自己。

（5）浩浩对计算机这门课有特别浓厚的兴趣，班主任要给其创造更多的学习机会，鼓励他参加兴趣小组、研究性学习活动，让他的爱好和兴趣有一个展示的空间，以转移其对网络游戏的兴趣。

经过一段时间的心理咨询和治疗，浩浩基本上可以控制自己不去上网打游戏，但要彻底戒除，还需要一段时间巩固。可喜的是，通过研究性学习，浩浩自学掌握了更多的计算机操作技能，并为班级建了一个漂亮的网站，学习成绩也在稳步上升。

上述案例提醒我们，面对沉迷于网络游戏的学生，无论是教师还是家长，均要注意教导学生自觉反省、自我约束，制订戒网计划，并持之以恒。

4. 三步转移法

针对当前学生网络游戏成瘾现象的严重，学校要借助家长和社会力量，有针对性地进行专业防治。比如，学校可以与社会力量结合，开设针对学生的"网络游戏成瘾症"心理咨询热线，建立"未成年人心理咨询指导中心"，聘请专业心理工作者指导咨询，建立网上咨询、答疑系统，开通网络游戏成瘾专题论坛等。华中师范大学陶宏开教授提出，用爱心、耐心、诚心解开孩子心中的"结"，利用"三步转移法"来引导网络游戏成瘾者。

第一步：选择合适地点、合适话题进行交谈，让有网瘾的学生认同、不反感。与他们交谈时，最好不直接谈上网、游戏的话题，而是选择其感兴趣的话题，逐渐过渡到中心话题。每个学生的情况不同，具体实施时要具体问题具体分析。

第二步：在确定了学生对教育者已经产生认同后，要将这种认同感转移到其父母身上。在与学生进行交流时，可以以"你觉得父母这样做错了吗""他们这样做是爱你还是害你"等问题来让学生反省自己对家长的态度。

第三步：将学生对父母的认同感再转移到对学习重要性的认同上来，从而激发其对学习的兴趣，鼓励其多读好书。

经过这样三个步骤的诊疗，学生会渐渐认识到网络游戏成瘾的危害并自觉将之戒除。当然，这需要一个过程，也需要学校、家庭的配合。

第三章

网络邪恶动漫的预防与教育

随着互联网日益深入人们的生活,相关的互联网产品也日渐风靡。然而,规模巨大、几乎全民参与的互联网内容产业,在丰富社会文化与大众娱乐生活、创造新业态新经济的同时,也滋生了诲淫诲盗诲黑、诱人沉迷、蛊惑犯罪的网络"精神毒品"。网络邪恶动漫和网络游戏成瘾就是危害较大的网络精神毒品。其中,网络邪恶动漫大都包含色情、血腥、恐怖、变态等元素,正在日益腐蚀青少年学生。

第一节 认识网络动漫及网络邪恶动漫

何为网络邪恶动漫？要了解它，首先要了解动漫和网络动漫。事实上，此三者之间是包含与被包含的关系，是一步一步进入人们生活的。

一、了解动漫艺术

随着互联网的兴起，动漫的身影随处可见。它俨然成了人们，尤其是青少年学生休闲的宠儿。那么，动漫是如何得名的？它的发展经历了怎样的历史呢？

1. 动漫艺术的来源

动漫，即动画、漫画的合称，是指动画与漫画的集合。动画是一种综合艺术，是集绘画、漫画、电影、数字媒体、摄影、音乐、文学等众多艺术门类于一身的艺术表现形式。作为一种艺术形式，经过了100多年的发展，动画已经有了较为完善的理论体系和产业体系，并以其独特的艺术魅力深受人们的喜爱。漫画也是一种艺术形式，是用简单而夸张的手法来描绘生活或时事的图画，一般运用变形、比拟、象征、暗示、影射的方法，从而构成幽默诙谐的画面或画面组，以取得讽刺或歌颂的效果。

后来，随着动画和漫画艺术的发展，尤其是日本将动画和漫画艺术紧密地结合起来，于是就出现了动漫艺术，进而发展成了动漫产业。这一产业以创意为核心，以动画和漫画为表现形式，包含动漫图书、报刊、电影、电视、音像制品、舞台剧和基于现代信息传播技术手段的动漫新品种等动漫直接产品的开发、生产、出版、播出、演出和销售，以及与动漫形象相关的衍生产品的生产和经营产业。

2. 动漫艺术的发展背景

可以说，"动漫"一词最早主要是在日本动漫的爱好者中使用，用来指日本的动画和漫画。尽管随着中国动画和漫画产业的发展，动漫用来指中国的动画和漫画的场合也多了起来，不过如今更多流行的还是日本和韩国的动漫艺术。而日本和韩国的动漫产品和产业也相对发展得最为兴盛。那么，这一艺术的发展经历了怎样的背景呢？事实上，动漫艺术的发展经历了巨轮启航、黄金十年、商业时代三个时期。

巨轮启航：是指1950~1970年之间。在这20年的时间里，风靡世界的就是日本动漫。这一时期是日本动漫确立风格和技法的时代。这一时期的动漫作品以剧情发展和人物塑造为主要的娱乐故事，逐渐向题材的多元化延伸。

黄金十年：是指1970~1980年这十年。这是动漫艺术在制作模式和发展方向确立后的活跃时期。这一时期的许多作品直到如今还受到人们的喜爱，可谓好评如潮。

商业时代：是指1980年到现在。进入80年代，动漫艺术中的精品不断出现。90年代出现的《蜡笔小新》《美少女战士》《樱桃小丸子》《宠物小精灵》《灌篮高手》《名侦探柯南》等成为整个时代的火热作品。到了21世纪，动漫作品虽然一度陷入了低潮，但随后因为动画电影的带动而引发了新一轮的高潮。而且随着互联网的发展，动漫作品的传播速度和传播范围也越来越大。

3. 动漫艺术的分类

动漫艺术因其展示形式不同，也划分为不同的种类。就展示形式而言，以纸质媒介出现的就是动漫图书，以电视剧的形式播出的是动漫电视剧，在网络上播出的称为网络动漫。

二、认识网络动漫

那么何为网络动漫呢？网络动漫是高科技技术发展的产物之一，是伴随着计算机技术和信息技术的发展产生的。关于此点，我们可以从网络动画（Web动画）的全称"Original Net Anime"获知。这一名称直译为"原创网络动画"，简称为 ONA，指的是以通过互联网作为最初或主要发行渠道的动画作品。

1. 网络动漫的特点

20 世纪末至 21 世纪初，随着互联网多媒体技术的不断发展，ONA 作为一种娱乐需求开始在互联网崭露头角。相比起传统的电视动画和 OVA（原创动画录像带），网络动漫以其独有的特点吸引着包括未成年学生在内的群体。

（1）成本低廉。

网络动漫是根据互联网的需求而产生的，因此最适合于互联网的特性。它具有制作周期短、创作题材宽泛和体积及运算量小等特点，因此获得网民的喜爱的同时，也决定了其成本低廉的特点。

（2）收看费用低廉。

由于网络动漫以互联网为播放平台，其费用低廉，仅需一定的网费和电费就可以收看。就算是个别动漫要收费，费用也不会太高。

（3）具有实验性质。

随着网络的普及，计算机技术以及信息技术的迅速发展，这些新技术逐渐被动画领域吸收，成为现代动漫技术的关键和基础（如 CG 技术），极大地促进了动漫发展（如三维动画），并拓展了动漫的外延领域（如网络互动游戏）。然而，由于一些技术还处于发展阶段，因此相当多的网络动漫的制作技术尚处于实验阶段，因此具有实验的性质。

2. 网络动漫的影响

网络动漫中造型生动的人物、流畅的情节、明快的色彩和鲜明的主题，吸引着众多的人观赏它。于是，动漫深入到我们的日常生活中，影响着我们身边事物的方方面面。调查表明，动漫影响的主要人群包括大中小学生，比例占到 63%。具体来说，网络动漫对中小学生产生了积极和消极两方面的影响。

一般来说，网络动漫多是具有积极意义的。

首先，青少年时期是一个人社会化的过渡时期，其对现实之外的虚拟空间充满好奇与向往。这一阶段通过社会化，青少年形成了较为固定的社会行为模式，对生存环境中各种刺激和变化能合理应对。而良性的网络动漫提倡的"友情、努力、胜利"的精神，对中学生的友情观、人生观和理想观的影响上有很积极的意义。动漫欣赏使审美心理的最主要基石——感知、情感、想象、理解等活动都会得到一种独特的锻炼和体验，这些心理要素经过复杂的相互作用得到提高，促进中学生审美心理的建构和审美经验的积累，符合审美教育的特征，有利于中学生审美心理的成熟。

其次，借助于阅读或观看网络上具有积极意义的动漫，学生可以借助于形象思维和发散思维给成长过程注入一些社会性的东西。其次，倘若学生有足够的自制力，又能正确、清楚地对其进行取舍，网络动漫是可以产生积极的影响的。这种积极的影响表现在为学生的休闲娱乐增添了色彩，为学生之间的人际交往增添了话题，为其提供了一个交流沟通的平台，使之学到了人际交往的方法和规则，进而培养自己开朗的性格、乐于助人的品质，以及对恶势力的疾恶如仇。这些优良的品质都可以帮助学生学会科学地与人相处。

最后，中学生正处于憧憬未来的时期，网络动漫潜移默化的文化影响力，能促进他们确立人生目标，培养坚强的意志。有些中学生因为喜欢网络动漫文化进而关注日本、韩国，并产生学习日语、韩语的兴趣；有的因为喜欢某部动漫作品而喜欢上涂鸦模仿，从此走上了动漫创作的道路；还有的则喜欢对动漫作品进行品评、改写，从而走上文学创作的道路；喜欢 Cosplay 表演的人，可能选择表演专业或服装设计专业……可以说，网络动漫对中国青少年学生的影响是多方面、全方位的。

然而，另一方面，由于一些学生不具备足够的自制力，网络动漫中那些糟粕也就对他们产生了极其恶劣的影响。具体的危害，我们会在下面谈到。

3. 网络动漫的分类

网络动漫以其丰富的形式和五花八门的主题吸引着众多观众，其中青少年学生更是当仁不让的主力军。那么，网络动漫包括哪些种类呢？从其意义来看，分为网络正能量动漫和网络邪恶动漫。

（1）网络正能量动漫（包括网络治愈系动漫、推理动漫、科幻动漫）。

治愈系动漫是指具有温暖人心、净化心灵的特点，让人在悲伤时观看能得到安慰的动画。该名称来自心理学，其故事情节多为现实题材，以能让人会心一笑的生活小细节的动画表现形式为观者打造一个触手可及的心理接受平台，以动漫中的生活细节去诠释现实生活，让观者在观看动画的同时达到共鸣的目的。这种动漫的特点在于内容比较舒缓，情节平淡清新，绝不存在邪恶之处，也不存在所谓的服务性，一般都具有励志倾向。观看此类网络动漫可以治愈观看者的心灵创伤、修补其心灵上的缺陷。

推理动漫，又称侦探动漫，是以推理方式解开故事谜题的一种网络动漫。通常故事都要有谜团与主负责解谜的人，题材以凶杀案为主，解谜主角多是侦探、警察或业余侦探。大多数以漫画进行改编。

科学幻想动漫，简称科幻动漫，主要以科学为题材呈现未来或幻想出来的先进世界，属于虚构性的动漫作品。

要注意的是，有些推理动漫和科幻动漫作品，并非是完全正能量的动漫作品，其中也会包含着一些邪恶动漫的内容。

（2）网络邪恶动漫。

这种网络动漫包含着色情、血腥、恐怖、变态等元素，对人的身心健康产生极坏的影响。这种网络邪恶动漫包括不但可能是那些推理动漫，而且也可能是科幻动漫，还有可能是所谓的后宫动漫。所谓后宫动漫，就是因动漫中的人物关系类似古代帝王与其后妃而得名，通常是以一名男主角与数名女配角、逆后宫则以一名女主角与数名男配角的人物设定来展开一段爱情故事。

4. 当前网络动漫的现状

网络动漫伴随着网络在人们生活中的普及而逐渐深入人心。当前，网络动漫，尤其是日韩动漫，以铺天盖地之势影响着中国的青少年学生。当前网络动漫产品存在着如下问题：

（1）创作质量良莠不齐，莠者居多。

继第一批日本动漫《铁臂阿童木》之后，不仅日本、韩国，甚至我们国内也相继在网络上推出不少动漫作品。其中也的确有一些精品，如《罗小黑战记》《功夫兔与菜包狗》《小米的森林》，不管是从美学价值还是制作水准上均可以称之为精品。但这种堪称精品的网络动漫并不多，大部分网络动漫在创作质量上还有待提升。这表现在如下几方面：

一方面表现在题材单一。出现了大量不适合青少年学生观看的所谓成人魔幻题材的动漫，而且一些点击率排在前面的网络动漫均是在讲与鬼神妖狐相关的魔幻故事。学生一旦欣赏这种动漫，就如同置身于光怪陆离的世界中。这些题材的网络动漫本质上就是在创造一个与现实世界既关联又不同的极端世界观，对于世界观和价值观形成阶段的中小学生存在着不良影响。

另一方面表现在品位低下。有些网络动漫为了追求点击率，过于迎合市场上固有的低俗、庸俗、媚俗需求，用暴力、色情吸引观众，品位相当低下。比如一些网络动漫不但加工制作粗糙，而且其间充满了暴力和色情，观者或许会看笑，但不会获得任何精神收获，更不会由此体验到生活的美好。还有一些网络动漫主打搞笑、吐槽等二次亚文化，其表现方式在诙谐自由与肆无忌惮之间游走，最终倾向了后者，成了不具备任何营养价值的作品。我们必须承认，动漫作品本身就具有诙谐幽默的特征，网络动漫作品更应将这种特征保持下去，但不能为了诙谐而给观者提供一些无意义、无营养、无价值的内容。

（2）过分追求商业利益，忽视网络动漫作为艺术作品的价值。

实际上，不管是题材单一，还是品位低下，抑或是作品本身制作质量较差，归根到底都是由于过分追求商业利益所致。当前，相当多的网络动漫沦落为网络游戏的产业片，其剧情与游戏紧密相连。这种做法固然为制作者带来了极大的经济效益，但却让网络动漫的艺术性大打折扣。这些网络动漫的商业属性远超其艺术属性，其美感和价值均被削弱，同时在播放过程中植入大量的广告，严重影响着观者的体验。有些网络动漫开发了衍生产品，于是在播放过程中加入这些产品的广告情节，严重影响了作品的整体观感。

三、网络邪恶动漫的危害

正是由于当前网络动漫存在的这种现状，加之制作者追求商业利益至上，因此出于达到以给人观感上的刺激的目的，网络邪恶动漫产生了。邪恶动漫集合了色情、血腥、恐怖、猎奇、变态等多种异质文化元素，给青少年学生带来极大的危害。

案例

"名字被写在笔记本上的人就会死。"一本"能让人死"的"死亡笔记本"在一些中小学生中流行开来。这种笔记本源于日本一部动漫。笔记本封皮、封底上绘有骷髅头，黑色扉页上用白色字印有"名字被写在笔记本上的人就会死""如果在名字被写上后的40秒里加上死因，事情就会照那样发生"等诡异词句。这种"死亡笔记本"相当受中学生欢迎，竟然出现了从15元到29元不等的版本。在我国南方一些城市，"死亡笔记本"曾经出现过一个较经典版本，许多中学生是冲着赠送的"死亡笔记本"音乐光盘和那支"死神琉克"的羽毛笔而来的。以其中的一种为例，封面黑底白字地印着"DEATH NOTE"的字样，内页的前面几张都是黑色的，上面用白颜色的字写着"死亡笔记本"的使用方法及规则，并且有中英文对照，比如"若某人使用过死亡笔记本，死神通常会在39日内在那人面前出现"；最后面则用手写字体写着一些人名和各种死法，"如果在名字被写上后的40秒里加上死因，事情就会按照那样发生"，"如果死因没有明确，一律当作心脏麻痹"等。再加上封面、封底上的骷髅头，整个笔记本给人一种阴森、恐怖、不寒而栗的感觉。而据一些中学生表示，他们之所以喜欢，是因为"特别喜欢动漫，特别羡慕主人公有死亡笔记本，当时看动漫时就渴望自己也能拥有一本"。同时，买这种笔记本的中学生也坦言，"虽然不相信笔记本能杀人，但自己还是挡不住诱惑。因为可以把不喜欢的人的名字写上去以发泄心里的怨恨，当然尽管自己并没有恨对方到想让他死的地步"。

"诅咒他人，不仅是对他人生命的不尊重，也是现实生活中无法找到情绪平衡支点的一种表现。"案例中的网络邪恶动漫加强了青少年的暴力倾向，使他们轻视法律、蔑视生命，引导其形成不恰当的人际关系，让自我独立性差、思想幼稚的青少年过度偏激，进而失去对他人的信任，逐渐变得孤僻、多疑。这一案例相当形象地说明了网络邪恶动漫对中小学生的影响之恶劣。具体来说，网络邪恶动漫的危害性表现在如下几方面：

1. 产生心理障碍，易形成反社会型人格

当前，由于互联网平台的开放性，那些本该是对未成年人严防死守的东西，如暴力、色情等内容无孔不入。倘若在搜索引擎中输入"邪恶动漫",结果显示有近800万个,其中涉及多个动漫网站、App终端。点击这些链接,显示的动漫画面往往不堪入目、恐怖惊悚,出现了捆绑囚禁、虐待虐杀等内容。这些内容对于好奇心强、学业负担重、心理压力大、处于孤独中的中小学生产生了极大的吸引力,于是促使其沉迷于网络邪恶动漫,进而对心智尚未成熟的他们产生极其恶劣的心理影响。

中学生正处在富于幻想的年龄,他们的想象力大多并没有运用到正确的艺术创作中,只会凭空乱想,尤其是那些内向且不愿意与外界接触的学生,更容易受网络作品的影响。而邪恶网络动漫迎合了学生对虚幻与现实的判断,使其散乱的幻想有了有针对性的突破口,对其个性的发展具有极强的渗透作用。因而,一些学生一心"钻"入邪恶动漫中,思想逐渐被邪恶动漫侵染,现实中变得孤独、不关心他人,对一般人缄默冷淡、不友好、经常打架,形成偏差甚至完全错误的三观甚至危险的反社会型人格。

那么何为反社会型人格呢?所谓反社会型人格,是指反社会型人格障碍(antisocial personality disorder),又称无情型人格障碍(affectionless personality disorder),或社会性病态(sociopathy),是对社会影响最为严重的类型。这种人格的人在幼年往往表现为学习成绩不良、逃学、漫游、饮酒、放荡、说谎、破坏公物、偷窃、违纪、对抗长者、攻击人等。其成人后情感肤浅而冷酷,脾气暴躁,自我控制不良,对人不坦率,缺乏责任感,与社会格格不入;法纪意识较差,行为受本能欲望、偶然动机和情感冲动所驱使,具有高度的冲动性和攻击性;自私自利,自我评价过高,狂热但不动人的行为;对挫折的耐受力差,遇到失利则推诿于客观或者提出一些似是而非的理由为自己开脱,或引起反应状态;缺乏计划性和目的性,经常更换职务;缺乏良知,对自己的人格缺陷缺乏觉知;缺乏悔恨感,不能吸取经验教训;多种形式的犯罪,趋向伴发药物或乙醇滥用。

而相关调查研究表明,以快节奏的打斗和大量的暴力场景为主要特点的动漫会让许多男生产生一种错误的价值观,认为这才是男子汉的样子而去模仿。同时,最受学生欢迎的日本动画片中存在一种称之为暴力美学的意境倾向,这是一种用唯美的方式表达生死相依的瞬间美感,而动漫运用电脑特技以及人物情感的对白增强了暴力的震撼力，从而无形中向学生灌输了暴力倾向。长此以往，就会让学生形成反社会型人格。

案例

一个小学生因为受不了外婆对自己的管制，于是运用动画片中的方法将外婆杀死，并声称这是一种制裁。

由此可见，邪恶动漫中的暴力的形象化表达以及接受和理解的偏差，令学生极难不受到邪恶动漫的负面影响。

2. 过多占用中学生的课余时间

随着网络的普及，学生们可以很便捷地在网站上下载视频，随时观看各种动漫作品，不受时间与空间的限制。因此，相当多的学生分秒必争地在家中观看动漫，无暇顾及学业，既不积极锻炼身体，又不与人交流，逐渐变得孤僻，过度沉迷导致脱离现实，久而久之便会身心俱疲，荒废学业而进入恶性循环。此外，网络邪恶动漫中的血腥暴力、色情和扭曲历史等等不良内容，不仅影响中学生的身心健康，更可能引发一系列深刻的社会问题。

【案例】

自从过年拿到压岁钱买了 iPad，读初二的小小每天顶着巨大的黑眼圈上学，原因就在于她每天三更半夜都在守着电脑。家人不清楚她在忙什么，只知道她自己不睡觉，也不让别人睡好，甚至三更半夜跑去网吧。最后才发现，小小这么做的原因就是为了看动画片！如今，小小这种对动画片的痴迷发展到了不可收拾的地步，班主任为此已经多次在班级群里批评她上课睡觉了。

沉迷于动漫中，会让学生在课上分散注意力，思考动漫的情节，进而迫不及待地想看到后续发展，严重影响听课效率。回家之后，他们会草草完成作业，甚至不完成作业就沉迷于网络邪恶动漫之中。长期下去，就会导致学生的学习能力低下，学习成绩不良，以致失去学习的积极性。其生活重心也会由学习转到网络上，只关注动漫的内容，甚至由此产生离家出走、闯荡社会等念头。

3. 盲目模仿，影响学生的发展

首先，沉迷于网络邪恶动漫会影响学生的语言能力的形成和发展。心理学研究表明，人的语言获得可能是社会学习的结果。也就是说，通过观察模仿他人的说话可以获得自己的语言。同时，在思维发展的研究中，非常强调言语和思维的关系，其中的结论之一就是良好的语言能力利于思维的发展，言语习惯对思维方式的影响也是经过科学证实的。因此，网络邪恶动漫中人物的粗野的语言和无礼的对话，甚至包括一些低级下流的语言，均会对青少年学生的语言形成造成影响。须知，青少年学生是极易被环境影响的，特别是当环境刺激到他们的兴趣点时。调查表明，对于大家共同喜欢的动漫，人物的语言特点会在同辈群体中得到广泛认同和流传。同时，学生过于沉迷于网络邪恶动漫也会缩短了他们注意力间隔时间，从而对其语言能力产生限制作用。

其次，导致学生错误的言行。中小学生，尤其是小学生，正处于全盘接受知识的阶段，而不是进行选择和过滤，加之他们具有强烈的模仿倾向，于是网络邪恶动漫中的一些不良言行就易于被他们接受，进而危害其身心健康。

案例

"看你没什么反应，那应该是不同意了，我们只能采取行动了。"某别墅小区的业主 W 先生又一次在自家门口的信箱里收到内容奇怪的信时，再也没法淡定了。两天前，他收到了一封很奇怪的信，那是一张叠好的纸，外面用狗尾巴草缠绕着。纸片上写着："我们是金陵十大恶少，看你家挺有钱的，想到你家参观一下，如果同意，你就在信箱上打个钩；如果不同意，那么我们只能用自己的办法进去了。"信是用铅笔写的，歪歪扭扭。

最初，W 先生认为是有人恶作剧，没放在心上。结果没过两天，信箱里又出现了一封信，这次的内容明显是上次的延续。看来，对方真是盯上自己家了。左思右想，没有头绪，W 先生就报了警。随后，民警经过调查得知，信是三个小学生写的。其中一个学生因为看到 W 先生的别墅很漂亮，想进去参观，可又不好直接向别墅主人提要求，于是就模仿漫画书上的情节，导演了一出恐吓信闹剧，信上的话就是从漫画书里学来的。

4. 使青少年学生形成不良认知

网络邪恶动漫以极端化思维塑造人物形象，而中小学生的人物形象认知和品德形成有着密切的关系。网络邪恶动漫中人物的阴险、人性的丑恶，让青少年学生，尤其是小学生极易形成不恰当的认知，进而使他们简单地通过外貌就形成了对他人品行的直接判断。这对人的形象认知发展和道德发展是不利的。同时，网络邪恶动漫中故事情节的悖于常理，也让学生产生了对事物的不正确评价，进而形成对了人和事的错误认知。而这些错误的认知一旦形成，会影响学生的一生。

调查发现，那些沉迷于网络邪恶动漫的学生只愿意跟那些和自己喜欢同样的动漫、玩同样游戏的学生接触，这就导致了他们交友圈均是兴趣相同的朋友，结果近墨者黑，他们彼此互相影响，就会越陷越深。

5. 影响学生的身体健康

网络邪恶动漫的刺激性、新奇性吸引着相当多的学生沉迷其中，他们为此甚至忘记了学习、吃饭和睡觉，只痴迷于其中的人物、情节，长时间坐在电脑前会给身体造成极大的伤害，严重的甚至会出现暴毙的危险。比如一些学生边看动漫边吃饭就会令肠胃消化功能降低，导致身体健康状况下降。

总之，网络邪恶动漫对青少年学生的危害可谓众多，它们披着动画的外衣，包装成学生喜欢的卡通形象，打着"传播知识"等冠冕堂皇的幌子，恶意加入让人毛骨悚然的元素，或将对性和暴力的错误认识传递给学生，让色情、血腥、恐怖、猎奇、变态等异质文化元素渗入学生的生活，悄然侵蚀着学生的身心，毁坏学生的人生，进而毁坏我们民族的希望。

第二节 网络邪恶动漫的特点及界定

明确了网络邪恶动漫的危害，清楚了它们会对青少年学生造成的可怕影响，那么，我们该如何识别网络邪恶动漫，如何界定它们呢？这首先就要求我们了解网络邪恶动漫的特点。

一、网络邪恶动漫的特点

网络邪恶动漫的题材主要是生活中的搞笑且风趣的性感喜剧以及段子，用漫画的形式将其表达出来。这种动漫作为一种艺术形式，有着自己的特点。

1. 主题低俗，内容低下

网络邪恶动漫的主题一般围绕以下三种：一是暴恐内容，宣扬以暴制暴思想，美化暴力、恐怖袭击和犯罪活动，详细描述枪械使用、爆炸装置制作和犯罪的方式方法；二是血腥恐怖的画面，令正常人极度不适，如一些动漫含有大量喷血、断肢、砍头场面，其中喷血镜头尤为血腥；三是充满色情元素。为了吸引观者的眼球，这些网络邪恶动漫格调低俗不堪。

可以说，网络邪恶动漫危害社会公德、违背公序良俗，存在诱导犯罪的危险，对于缺乏自制力和鉴别力的青少年学生来说，相当于给了他们"温柔的一刀"。

2. 形式夸张，充满诱惑性

网络邪恶动漫是采用简单而夸张的手法来描绘生活或人物的图画，采取深含义加上图片动作描写，反映出其邪恶的深层含义，一般运用变形、比拟、象征、暗示、影射的方法，构成极其低俗的画面或画面组，以达到引诱未成年人的效果。这种动漫在制作时，采用一种极其夸张的手法，如对女性角色大尺度暴露的描绘，以及其他充满情色意味的暴露画面等。可以说，为了吸引观者的眼球，此类漫画极尽所能地采用夸张手法来达到诱惑效果。

3. 较强的娱乐性

网络邪恶动漫画除了常采用夸张、比喻、象征等手法，讽刺、批评或歌颂某些人和事，内容低下之外，几乎差不多纯为娱乐的作品。尽管往往存在搞笑型和人物创造（设计一个虚拟的世界与规则）两种形态，但均为无营养的内容，反而污染社会空间。青少年学生在暴恐色情动漫的熏染之下，往往容易盲目模仿，甚至走上犯罪道路。

二、网络邪恶动漫的界定

案例

张妈妈最近有些郁闷，因为才上小学一年级的儿子最近一不开心就嚷嚷着"我要砍死你"，要么就到处叫人"臭狗熊"。原来，儿子迷上了某部动画片，总爱模仿其中的动作和语言。而这种模仿，让张妈妈很担忧，不清楚儿子是不是因为看了网络动漫学的。

那么，我们究竟如何去分辨一部网络动漫是否属于邪恶动漫呢？

1. 观察动漫的画面

如果所观的网络动漫的画面中，出现我们上面所讲的网络邪恶动漫的内容的三个方面，即大尺度的关于性的画面描写，一些较暴力和恐怖血腥的画面，以及一些引发人内心不适的动漫内容，这极可能就是网络邪恶动漫，均要注意远离。

2. 观察动漫中人物

为了吸引学生的关注和观看，有些网络邪恶动漫故意将人物设计制作成学生喜欢的动画片中的人物或动物，但实际上这些人物或动物的制作呈现了成人化、邪恶化。

案例

国外一个叫 Laura 的家长为自己的女儿随机点播了一集某动画片，就走开去忙自己的事情了。然而没过多久，她就听到了电脑传出的惨叫声和女儿的尖叫及哭泣声。Laura 急忙赶过去才发现，画面里的动漫人物竟然是一只披着"猪皮"的充满成人世界恶意的"魔鬼"，而一个面目狰狞的牙医，手里拿着手臂粗的针管，正不断地扎向尖叫痛哭的佩奇。

3. 观察动漫宣传的主题和语言

现在，一些网络动漫的主题和语言相当低俗，充满了负向的能量和引导，如把"××狼"设计成"怕老婆"；"果宝"们被打得"果浆遍地"、鲜血淋漓，再配上社会化和庸俗的"台词"……而某网络动漫曾在 10 分钟的时间内，爆粗口 21 次，其中包括"见鬼""臭狗熊""去死""笨蛋"等不雅用语。当教师或家长发现网络动漫中出现这样的形式和内容时，就要教育学生和孩子远离这样的动漫。

4. 宣传非科学的言论的

案例

一年级的奇奇最喜欢看动漫，经常让爸爸给自己打开手机，从中搜索网络动漫观看。有一天，他突然问爸爸："爸爸，人是不是怎么打都不会死啊？"爸爸特别吃惊，猛然意识到奇奇所观看的网络动漫可能有问题。于是奇奇的爸爸专门观看了奇奇所看过的动漫，结果发现，一些动漫中宣传的"人是不死的"这样的主题。与此同时，就在奇奇所在的地区，三名小学生模仿"××狼"烤羊肉，结果其中两个孩子被烧伤。

这一案例提示我们，一些传播非科学的言论的网络动漫，也可以归为邪恶动漫的范畴，最好远离。

5. 宣传吸烟、酗酒等不良习惯的

众所周知，吸烟、喝酒危害身体健康，吸烟是心脑血管疾病、癌症、慢性阻塞性肺病等多种疾患的重要致病因素，喝酒过量则对记忆力、注意力、判断力及情绪反应都有严重伤害,甚至会造成口齿不清、视线模糊、失去平衡力等危害。青少年学生还处于身体生长发育期,就更应该远离烟酒。然而一些网络邪恶动漫竟然出现了青少年喝酒、抽烟等不良画面,诱导那些意志不坚定的青少年学生喝酒、抽烟。因此,对于这样的网络邪恶动漫也要远离。

第三节　网络邪恶动漫的预防与教育

明确了网络邪恶动漫的特点和界定方法,接下来,我们就来了解对于网络邪恶动漫的预防与教育问题。

一、学生沉迷网络邪恶动漫的主要原因

网络邪恶动漫对青少年学生的身心发展造成极大的危害,不但影响学生正常的心理发展,而且会危害学生的思维发展和语言功能。我们首先要搞清楚学生沉迷网络邪恶动漫的原因。具体来说,学生沉迷于网络邪恶漫画的原因包括以下几点:

1. 学习压力大

当代学生因为身处高速发展的社会,父母对于孩子的期望值一般都比较高,为孩子的教育煞费苦心,过度为孩子安排了各种课后辅导班以及一堆兴趣班。结果学生在每个周末都得在英语、数学、舞蹈、美术、计算机之间奔跑,严重超出了他们的承受力和接受能力,进而造成极大的心理负担和压力,令学生的学习兴趣大减。相反,网络邪恶动漫的幻想性和超现实性,以及那些刺激感官的画面,让青少年学生获得了超脱现实的透气窗、休闲的视觉盛宴,于是部分学生就会沉迷于网络邪恶动漫无法自拔。

2. 好奇心理

中小学生在心理上存在着明显的好奇心理和成就动机，他们强烈地渴望张扬个性，同时善于模仿，易受外界影响，喜欢幻想，敢于尝试新鲜事物。而网络邪恶动漫正好迎合了他们这种追求新奇和张扬个性的特点。加之学生的从众心理，看到其他同学观看这种邪恶动漫，产生一探究竟的心理，进而沉溺其中。当邪恶动漫的内容成为他们的共同话题时，沉醉于其中的学生就会越来越多。

3. 缺乏有益的活动

中小学生平时的学习任务繁重，因此假期是他们难得的休息时间。然而在假期里，他们还要参加各种辅导班。即便是不参加的学生，父母一般或在工作，或忙于自己的事情，学生极难获得家人的陪伴，更难找到有益身心健康的活动，于是他们大多在家里看电视或上网玩游戏、看动漫。当他们看电视或上网时，邪恶动漫就获得了可乘之机，而处于孤独寂寞中的学生就极易沉迷其中。

4. 缺乏足够的引导力度

我们在学校经常看到老师批评那些在课堂上因为沉迷网络邪恶漫画上课走神或睡觉的学生，也会发现一些老师因为学生上课用手机或 iPad 偷看动漫而批评学生。尽管学校三令五申禁止学生在学校上网或在家看网络邪恶动漫，但由于个别学校的管理不严，家校配合不良，导致学生有可乘之机。而学生一旦出现此类违规现象，教师也只是将其批评一番或将 iPad 没收，对于网络邪恶动漫本身及学生的选择不曾过多关注，以至于学校也没有一个明确的态度和做法，自然也缺少对此类行为相应的教育环节，从而避免网络邪恶动漫造成的危害。

5. 家长的教育方式不当

社会的变化，家庭的负担，让许多家长忙于工作，很少顾及孩子的学习情况。相当多的学生由于没人沟通和陪伴，内心相当寂寞，只能靠看电视和上网来排解，而网络邪恶动漫也就成了他们的选择。面对孩子沉迷于网络邪恶动漫的行为，一些家长视若无睹，仅仅关注孩子的学习情况，既不对孩子的选择加以引导，也不对孩子上网的时间加以约束，甚至以允许孩子看网络邪恶动漫作为学习成绩提升的奖励，如此一来就为网络邪恶动漫对学生施加不良影响提供了条件。

6. 社会原因

尽管我国已经出台了一些相关的政策和制度来阻止网络邪恶动漫进入我国市场，但是一些商家还是能通过非法途径将邪恶动漫传入我国。近几年，尤其是日本的大批邪恶动漫受到学生的追捧。而互联网的普及和便利条件，也为学生观赏邪恶动漫提供了便利。尽管我国也对大部分进口的国外动漫加以审查，但审查力度不够，也形成了不良动漫流于网络的漏洞。

二、预防学生沉迷网络邪恶动漫

明确了学生沉迷于网络邪恶动漫的原因，接下来我们就可以从多方入手，加以预防。具体来说，学校、家长要共同联手，从以下几方面入手。

1. 关心成长，了解内心

要预防学生沉迷于网络邪恶漫画，学校就要关心学生的成长，而非一味地关注他们的学习成绩。班主任要经常与学生谈心，了解其心理状态和所思所想，关心其成长中的困惑，而不是成绩好了就多加表扬、成绩差了就批评指责，而是细心观察学生，一旦发现学生异常的言行举止就要弄清楚问题所在，进而采取相应的方法，帮助学生抵制不良习惯，养成良好的习惯。

2. 引导教育，培养正确的价值观

学校要针对学生的年龄特点，给予学生正确的引导。不妨从打造校园文化开始，针对不同年龄段的学生，组织不同的校园活动，一方面要吸收动漫艺术中积极的部分，将之融入校园文化活动中，让学生将自己的好奇心和想象力运用到学习和艺术创作中，从而引导学生学会判断和选择自己适合阅读哪类的网络动漫；另一方面，可以组织多种类型的增强学生意志力的活动，提升学生的自制力，使之自觉对阅读网络动漫的时间和范围进行有效控制，引导学生把握好自己的学习及生活方向，避免其被邪恶动漫所影响。

案例

"我觉得这女将军是一个胆小、输不起的角色，在爱情和友情中总是退缩！"……在某校动漫艺术社开展的新剧本交流会上，同学们对动漫中的人物角

色进行了热烈的讨论剖析。诚如艺术社社长所说,"像这样的讨论我们平时经常开展,如分析和讨论宫崎骏电影、日本动画及国产动画等,平均每个月都会有一次小范围的聚会。"这一动漫艺术社成立的初衷,就是针对近年来网络邪恶动漫正在日益影响着广大学生的成长这一现象的。如何发展健康动漫、绿色动漫,让青少年学生从动漫作品中汲取积极向上的力量,成为学校关注的问题。为此,在学校的支持下,一些爱好美术和动漫的学生组织了这个艺术社,并定期向大家推荐健康向上的动漫作品。

3. 丰富多样,活跃校园文化

学生的成长是与阳光、娱乐密不可分的。一味地堵并不利于学生的成长。因此,学校可以组织丰富多样的校园文化活动,让学生通过课余实践增加社会见闻,了解社会形势。针对一些学生业余时间缺少良好的课余活动和场所的问题,学校可以组织学生利用课余时间去进行定期的活动,如利用节日组织文化表演,去敬老院关爱老人,植树节种树,清明节为烈士陵园扫墓。此外,还可以组织一些体现我国文化历史的活动,如书画比赛、设计制作比赛等,一方面丰富学生的课余生活,另一方面可以让学生享受到成长的快乐。

4. 鼓励创新,创造自己的动漫

诚如上文所言,当前网络邪恶动漫之所以拥有大量的读者,一个重要的原因在于缺少创新的作品。而一些不法商人引进的国外动漫产品内容低劣,充满了低俗、下流的主题。要想从根本上解决这下问题,不妨引导学生认清当前国内网络动漫之所以邪恶内容盛行的根本原因在于我国动漫产业的不发达,动画色彩过于平淡单一,人物过于简单呆板。学校不妨利用课外兴趣活动、信息技术课或美术课的机会,让学生观看那些经典的动漫产品,激起学生的兴趣,将健康积极的理念注入学生心中。比如学校可以组织动漫创作学社,培养学生的写作能力和创作能力,引导学生创作自己的动漫,并举行创作比赛,将学生的参赛作品装订成册进行出版,让学生的能力得到肯定,从而让学生放松精神压力,感受到创造的乐趣。

案例

2016年，两名初一女生共同创作了一幅漫画。凭借这幅漫画，她们收到了德国歌德院校面向全球主办的漫画大赛邀请函。这幅漫画的主角是一只兔子。之所以创作这么一幅漫画，作者之一说，是因为她想借兔子的行为和话语表达自己内心所想。原因是她平时在中心广场和火车站等处看到过乞讨者，他们有的是盲人，有的是肢体残疾。这些乞讨者需要更多关爱，他们的心灵往往更加脆弱。于是她们创作了这幅漫画，体现"理解与关怀社会弱势群体的内涵"。这幅漫画是两个学生在学校老师的支持和鼓励下，利用5个小时的课余时间创作的。

5. 科学引导，学会选择

学校和教师必须认识到，邪恶动漫的出现有其生存和发展的规律性，因此面对学生沉迷于邪恶动漫的情况，不能以强硬的态度进行打压，而可以通过一些辩论会或主题班会的形式，引导学生认识到邪恶动漫的危害。学校还可以聘请专业人士为学生讲解漫画的历史，以及如何选择适合自己阅读的动漫。

案例

"你们知道宝器是什么意思吗？""武器?!""宝贝?!"这是漫画家杨仕成在与同学们分享"漫画陪伴我成长"，说到自己新创作的《老成都系列》，他就成都方言向小朋友提问，得到的令人忍俊不禁的回答。在成师附小二年级（2）班小乐雅大课堂，漫画家杨仕成从新中国成立前的现实漫画《时局全图》到五四时期的宣传漫画，从解放战争时期的《三毛流浪记》《现实图》，再到连环画《鸡毛信》《水浒》《三国演义》《岳飞传》，把漫画在中国的发展历程详细梳理了一遍。结合着一些动画作品，杨老师边讲边提问，引导孩子们学会正确地选择和欣赏动漫作品。同学们听得相当兴奋，现场欢笑不断。读书会后，旁听的老师和家长们纷纷表示，孩子们爱上漫画并学会选择动漫，或许就是从这堂课开始。

6. 联手家长，提升家庭的教育功能

面对邪恶动漫对学生的危害，学校除了积极采取措施、预防学生沉迷，还要发挥家长的作用，定期举办家长课堂，向家长介绍网络邪恶动漫对学生的危害。班主任更要利用与家长沟通的机会，有针对性地给予提示和指导。学校或班主任

要让家长认识到，要从身边的小事开始培养孩子的独立思考能力，有意给孩子灌输正确的观念，让孩子能正确地进行判断。同时，学校还要提醒家长，平时要多关注孩子，切忌整天埋头工作或沉迷于麻将中，要多带孩子进行有益的文体休闲活动，如去公园散步、跑步等；利用假期带孩子旅游，在增强孩子体质的同时增长见识、活跃思考。

此外，家长还要对动漫有一定的认识，才能正确引导孩子看动漫。平时家长要经常了解孩子在校的状态、感兴趣的话题，经常与孩子交流、讨论，与孩子一起娱乐、一起看动漫，如此不仅能够拉近亲子关系，而且还能及时发现孩子所看动漫之优劣，帮孩子选择积极有益的动漫。

三、沉迷网络邪恶动漫学生的教育引导

案例

一名19岁的男孩，因长期沉迷网络邪恶动漫而出现精神怪异症状，经常对女邻居做下流动作，继而持刀伤人……怕儿子再伤害他人，其父用铁链将儿子锁在了家中。

这一案例说明，面对网络邪恶动漫对学生的危害，除了要做好科学的预防工作，还要对那些沉迷于邪恶动漫的学生进行教育，使之迷途知返。那么，具体应该如何做呢？

1. 分析评价，发现危害

一旦发现学生沉迷于网络邪恶动漫，教师或家长就要对其认真观察，了解其沉迷的程度，然后双方携手，共同有针对性地对其进行教育。教育的方法，一方面可以由家长或老师与其谈心，向其阐明危害；另一方面可以请专业的心理咨询人员与其交流，帮助分析问题产生的原因和危害，从而挽救学生。

（1）倾心交谈法。

案例

高二的林林，面对日益临近的高考无动于衷，天天看动漫，各种类型的都涉猎。一次无意间，妈妈打开林林电脑中浏览过的页面，发现那里多是打打杀杀的

画面，因此特别担心。现在林林每天除了动漫还是动漫，几乎没有朋友，成绩也一塌糊涂。他甚至问妈妈："到底这个世界是真实的，还是动漫世界是真实的？"面对林林的这种情况，妈妈向老师求助。于是，班主任老师与林林的妈妈一起找到了学校的心理老师，向其求助。

  心理老师在了解了林林的情况后，告诉林林的妈妈，动漫之所以能够让孩子如此沉迷，是因为这一艺术形式符合孩子生理、心理发展的特点，是孩子健康快乐成长的养料。但林林已经高二了，表现得还如此单纯，分不清现实与虚幻之间的区别，说明他心智发展还停滞在儿童期。作为家长应注意多与孩子一起做一些活动事情以融洽情感，引导孩子结交一些朋友；教孩子掌握生活的基本技能，把脚落到实处，引导孩子回归现实。听了心理老师的话，林林的妈妈开始有意识地与林林交流，陪着林林一起运动、旅游，甚至和林林一起看动漫，看后交流各自的心得。慢慢地，林林从动漫中走了出来。

  案例中林林的妈妈采用的就是倾心交谈的方法，借助于亲子活动，在活动中感受林林的感受，了解林林内心的想法，从而对症下药达到说服的效果。不过要注意的是，运用这种倾心交谈的方法时，无论是家长还是老师，一定要耐心倾听，在倾听后再谈自己的看法，不可急于求成。另外，在交流的过程中，不要轻易否定学生的看法，而是引导学生一步一步发现问题，让其自己否定自己的看法。

  （2）小组活动法。

案例

  作为动漫迷，相信每个人都能够对"看动漫有什么好处"说出一大堆的理由来。但稍微理智一点的人也应该知道，这个世界上似乎并不存在绝对完美的事物。即便是我们最爱的动漫，若是整天沉迷其中的话，或许也会产生副作用。

  观点一：沉迷动漫会让我们没日没夜地补看，伤害身体。

  相信不少动漫迷都曾经有过这样的经历：也许是自己发现的，也许是朋友推荐的，总之当我们接触到一部自己感兴趣的、已经完结或者播出很久的作品之后，可能会瞬间产生"我要一口气把它看完"的冲动吧？如果你是学生，那么没准在上课的时候都要拿出手机偷偷补作品，放学之后赶紧处理掉作业，然后躲在被子里一看就是几个通宵。如果你是上班族，可能也有利用上班时间偷偷看动漫的情况，通宵看片也是很常见的事情。但这样一来，自然会影响到我们的正常生活。往大了说，可能会令我们的学习成绩下滑、工作状态大不如前（以至于完不成工作被炒）；往小了说，至少也会打乱正常的作息，对我们的健康有害。

观点二：沉迷动漫可能会导致我们的思维方式跟他人不同，影响与人交流。

当我们跟同样喜欢动漫的好友进行交流时，往往不会有什么问题。但在一个圈子里被大家视为日常的对话，在其他人看来可能就是"火星语"。如果我们长期处在这样的环境当中，就会将一些概念视为"日常"，用这些概念去跟圈子外的人进行沟通，往往就会出现对方完全不知所云的尴尬情况。

观点三：沉迷动漫会让我们变得越来越"宅"。

如果大家关注日本的社会新闻就会注意到，这个国家目前"家里蹲"的数量特别多，而且很多人都不愿意恋爱、结婚，宁可跟自己的"二次元伴侣"一起生活。这样的人通常会被称为"死宅"。死宅不喜欢出去社交，而是将更多的精力放在家里，享受一个人的乐趣。由于我们本身是动漫迷，因此可能很少有人会认为这种事情是错的。但毕竟人总是需要一定的社交关系，否则在今后的生活当中注定会有很多的麻烦无法处理。在这种情况下，若是其他同学纷纷去聚餐、唱KTV，而我们选择了回家看动漫；其他同学打算假期一起郊游，而我们觉得那种生活很无聊，果断拒绝……长此以往，我们会发现，自己的朋友圈越来越窄，除了网上的那些同好之外，在现实里根本没有人可以沟通。这样的生活看起来没问题，但当我们真正需要承担起独立的责任时，可能一切都不同了。

……

以上是某校学生针对"沉迷漫画是否有副作用"展开讨论的记录片段。从这些片段中我们可以看到，随着讨论的深入，学生们对漫画沉迷的危害认识得越来越清楚，也就会越加远离网络邪恶动漫。不过采用小组讨论法时要注意的是，提前安排小组成员查找资料，教师注意把好关；允许学生在讨论时发表不同的看法，不能对持不同看法的同学予以攻击；注意维持好活动的纪律。

2. 组织评判，现身说法

所谓组织评判，是指教师个人或请有过网络邪恶漫画沉迷经历的学生谈一谈心得体会，从而加强说服的力量。

案例

班会主题：网络漫画会影响我的学习吗？

主持人：曾经的你也许爱看漫画，是一个漫画迷。今天，让我们亲历其中，谈谈那时候作为一个漫画迷的感受吧。

学生谈感受。

主持人：那么，对于我们沉迷于网络漫画的行为，其他人是怎么看的呢？

欣赏小品：《曾经的日子》。

主持人：明确了沉迷于网络漫画时的个人感受和他人的感受，那么我们如何才能泥潭脱身呢？听一听大家的看法和意见吧。

学生提建议和方法。

W老师总结时，谈到自己曾经教过一个非常喜欢日本二次元文化的学生，这个学生后来患了严重的焦虑症和抑郁症，而据她自己说就是因为经常看那些恐怖动漫，然后经常做噩梦。最后，W老师呼吁同学们远离网络邪恶漫画，科学选择漫画，控制观看时长。

这个案例采用的就是现身说法的方式，让大家对沉迷网络漫画的恶果感同身受，然后让大家讨论这种行为的害处，并提出预防的建议和方法。这种教育方法要远胜生硬的说教。要注意的是，运用这种主题班会的方式一定要注意针对性，且要做好调查，以充分的论据说服学生，方能达到效果。

3. 针对症状，专业治疗

一些学生的网络邪恶漫画沉迷现象相当严重，甚至发展到了心理疾病的程度，家长和学校的教育作用已经微乎其微了，此时就需要专业人士——心理咨询人员的介入。学校和家长要依据学生的具体情况，请学校的心理老师或专业的心理咨询专家介入治疗。

（1）一对一的心理治疗。

案例

18岁的聪聪长得很高大，却两年多没有出过家门。他不爱运动，不爱说话，只爱在电脑前看网络动漫。妈妈叫聪聪吃饭，他会立即走出房间到达餐厅，吃完后又迅速回到电脑前继续观看那些恐怖、暴力和色情的动漫。妈妈叫聪聪洗澡，聪聪也会认真地清洁自己，然后又回到电脑前。除去吃饭、睡觉、洗澡，聪聪的世界里只有网络动漫，没有别的乐趣。聪聪的妈妈发现，儿子一天起码有15小时都与网络动漫为伴。

为了戒除聪聪的网络动漫瘾，妈妈想了很多方法，但都无效。后来，妈妈专门请来一位儿童教育专家"上门服务"，但这位专家始终没有敲开聪聪的房门，站在门口苦口婆心劝解了两个小时后，得不到任何回应，只得无功而返。专家刚走，聪聪打开房门冲到厨房，拿了家里的菜刀和剪刀，返回自己的房间把门反锁。妈妈急得跳脚，生怕聪聪出事。1小时后，聪聪走出房间去洗澡了。妈妈看到，儿子房间里所有的家具都已经刀痕累累。在极度的担心和恐惧之下，妈妈决定将聪聪强行送到某机构强制戒除网瘾。妈妈在两个彪形大汉的帮助下，将聪聪五花大绑地送上火车。但由于聪聪的奋力挣扎哭闹，最后不得不作罢。

面对沉迷网络动漫世界的儿子，聪聪的妈妈心如死灰。后来，她找到了一位心理咨询师，请其有针对性地进行心理治疗。这位心理咨询师采用家庭疗法，先对聪聪的妈妈进行心理指导，帮助她纠正其完美主义者的倾向，不再对孩子提出过高的要求，也不再过分地介入和控制孩子的生活，给孩子发泄积累的愤怒的机会。慢慢地，随着妈妈的改变，聪聪开始发生了变化。经过一段时间的咨询和治疗，聪聪和妈妈的关系得以改善。之后，妈妈看到了儿子可喜的改变：聪聪似乎不再沉溺在网络动漫中了，也会在观看漫画之余开始学习了。

在这个案例中，针对聪聪的网络漫画沉迷现象，心理咨询师寻根溯源，从家长入手一步一步解决问题，不但让孩子慢慢脱离困境，而且还促进了该家庭的亲子关系的改变。

（2）一对一的远程求助。

面对陷入网络邪恶漫画的学生，除了一对一的心理治疗，学校和家长还可以在身边缺少专业人员的情况下，以远程一对一求助的方式获得帮助，从而引导学生走出泥潭。

案例

杨老师：

　　我现在就孩子的问题向您讨教。我儿子16岁，要上高二了，从小学起就厌学，学习被动；上初中后一直不用心学，中考只有417分，高中只好上了一所私立学校，但一年下来，成绩很差。从初中起迷恋动漫，按期购买日本的动漫书，深受其影响，梦想到日本去搞动漫。现在在外结交相同爱好的网友，整天手机网上聊动漫。尽管对未来他自有打算，想学美术，以后报考北京的科技大学动漫专业，但文化课分数只达到200多分的录取线。

　　我们是单亲家庭，孩子与我一起生活。但我生活上照顾得过多，学习上强制性地给他报了许多班，使孩子厌学了。我作为单身母亲一直没有再嫁，六年前离婚，最近才告诉孩子离婚的事，但敏感的儿子早就猜到了，内心是不舒服的。孩子的父亲性格上有很大问题，不能给予孩子正常男人的榜样，而我又对孩子的内心关注不够，总是把学习放在首位。因此，孩子逆反心理很强，自己特有主意又比较任性，我根本无法掌控。但孩子的脾气好、情商高，现在还算听话。

　　我35岁才得此子，离婚后全部身心都投在孩子身上，没想到把孩子培养成这样，内心真是绝望和痛苦。现在孩子正值青春逆反期，又处于学习和身心成长的关键期，常表示不愿意长大，目前心思又不在学习上。他在外接触的人对他的影响要大于家庭，而我们又无法掌控，眼睁睁地看他走弯路而束手无策。我怕他耽误了青春和学业，想让他转学重读高一，他不干，不愿吃学习的苦，也没有上进心，更缺乏奋斗精神；满脑子是魔兽，相信灵异，总之精神被污染了。我感到挺崩溃的，一点办法也没有。请老师给予指教，非常感谢！

　　这是一位家长面对孩子沉迷于网络动漫而无法自拔的情况时，无奈之下向远方的专家求助。专家给出的下列方法和建议，对于这位家长解决孩子的问题起到了极好的作用。

案例

这位家长：

您好！……

要解决这个问题，首先需要的是创造和谐、愉悦和快乐的家庭生活氛围，让孩子在这个氛围之中能对你畅所欲言，这样你就可以走进孩子的内心，对孩子给予恰到好处的诱导、鼓励和鞭策。

其次，要把孩子当作朋友去看待。当孩子完全信任了我们，而且也感觉到我们是值得信任和尊重的，那时候他一定会对我们敞开心扉，这样才会接受我们的教育和指导的。

再次，要想让孩子理解自己，我们首先要理解孩子，站在孩子的角度来考虑问题，同时要闭上挑剔的眼睛和唠叨的嘴巴，睁开发现孩子优点的眼睛，张开欣赏、赞美孩子的嘴巴。你的孩子喜欢动漫，立志做一个动漫专家，同时和喜欢动漫的朋友交流探讨，这是一个非常好的追求，同时他用实际行动来实现自己的追求，应该给予他极大的支持和鼓励。只要你以此为着眼点，并以极大的热情和行动来欣赏和支持孩子，同时适时地提醒他，想要进入大学学动漫，必须要以一定的文化课程分数做保障，孩子自然会以切实的努力投入文化课学习的。

最后，在学习和生活上，不要拿孩子与其他孩子比较，而是要与他自己比较，有进步要及时给予表扬和肯定。这样既可以帮孩子找回自信心，在自信中达到更进一步的成功的目的，又可以激发孩子对学习和生活的兴趣，进一步从生活和学习中体验到乐趣，达到自觉自愿高效率生活和学习的目的。

对于母亲这一角色，我有几点建议供参考：

第一，你不妨放下母亲的架子，征求一下孩子的意见，看看孩子希望你在哪些地方做出改变。在征求意见的过程中尽量不要反驳和解释，让孩子把话说完。对孩子提出的无关大局的问题可以采取"有则改之，无则加勉"的态度，对一些原则性的问题则必须对孩子解释清楚坚持原则的原因。

第二，了解孩子的爱好，然后从孩子的爱好出发，试着让孩子给你讲解其中的奥妙和乐趣，然后慢慢引导他加强文化课学习，以实现他自己追求的目标。

第三，不要管得太宽，给孩子一些自己的空间，允许他有自己的秘密，试着去了解和接受他的一些不合常理的行为。这样的话孩子才会慢慢接受你。

第四，对孩子的文化课学习根据实际进行评价，不要期望和要求过高。比如，孩子在行为表现、文化课学习成绩上比过去有所进步，哪怕是微小的进步，都要及时给予肯定和表扬，千万不要和别的孩子做比较；出现了退步要提醒和鼓励，不要经常把批评挂在嘴上——"你应该……""你要……""你不能……"这样只会起到负面作用。

第五，要让孩子崇拜——有条件的话把孩子认为很前卫、很难学的东西搞懂，然后试着与他交流。如果遇到你搞不懂的地方，就虚心向孩子请教，这样他就会不自觉地去接近你。不要认为孩子的爱好都是错误的，然后全部扼杀在摇篮里。

第六，检查和盘点一段时间以来自己对孩子有失公允的地方，如果责任在自己，做到能够自省甚至公开承认自己的错误，但不包揽不属于自己的错误和责任。

以上仅是个人的一些意见和建议。

从案例中专家的建议可以看到，解决孩子的网络邪恶动漫上瘾问题，首先要从家长入手，解决家长的教育理念和教育方法问题，营造良好的亲子关系，从而引导孩子一步一步自己走出来。

除了利用一对一的辅导方式帮助学生远离网络邪恶动漫，还可以以团体心理辅导的方式对学生进行一对一的辅导，助其摆脱泥淖。

4. 冷静应对，耐心引导

当家长向老师反映孩子正在观看网络邪恶动漫时，教师要告诉家长不必过于恐慌。这是因为当学生因其中的暴力色情画面而产生最初的恐惧、焦虑时，只要教师和家长及时和孩子沟通，就不会对其产生久远的心理影响。另外，德国有研究发现，媒体视频中的暴力行为，极少导致儿童出现模仿行为，也不会直接增加受暴力和性犯罪者侵害的风险。接下来，教师可以建议家长采用如下方法与学生沟通：

首先，要态度平和，就画面中的内容冷静地与孩子进行讨论。但要注意的是，要由同性别的家长与之对话。如果学生看到自己没有见过的画面时，通常会询问家长"这是什么",此时家长就要注意沟通的方式,千万不要摆出一副如临大敌的样子,从而加重学生的好奇心,导致其受不良影响。

其次,要关注孩子是否有恐惧情绪,多陪伴孩子。倘若是小学生,家长就可以和孩子一起睡觉,夜间留一盏灯。询问孩子感受,告诉孩子"如果遇到让自己害怕的事情应该怎么做",如调整呼吸、向父母倾诉等,既转移孩子对恐怖画面的注意力,也借机教给孩子正确面对恐惧的方法。

再次,建议家长通过带孩子欣赏美好画面来驱逐丑恶画面在孩子心中的印象,比如画面优美的绘本和视频,并多带孩子到户外游玩。

最后,教师要提醒家长,网络邪恶动漫虽不堪入目,但也可能会激起孩子的好奇心,让孩子"又害怕又想看",所以家长需要态度严正地"立规矩",明确告知孩子这类视频不能看。

第四章

网络不良小说的预防与教育

著名教育家赞可夫认为，从某种意义上说，课内阅读教学只是教个阅读方法而已。因此，他特别强调课外阅读的重要性。而据一项关于中小学生课外阅读情况的调查表明，仅不足三成的学生阅读名著，更多的中小学生喜欢阅读网络文学，尤其是网络小说和漫画的阅读占了过半。然而，伴随着互联网的飞速发展而兴起的网络文学，其既有新、奇、特的优点，也充斥着低、俗、乱的问题。其中，网络不良小说的出现，引发了学生阅读和教育的危机。

第一节 认识网络文学及网络小说

所谓网络文学,是指伴随着互联网的出现,以互联网为展示平台和传播媒介,借助超文本链接和多媒体演绎等手段来表现的文学作品、类文学文本及含有一部分文学成分的网络艺术品。

一、网络文学

以网络原创作品为主,网络文学分为三种形态:一类是已经存在的文学作品通过电子扫描技术或人工办理等方式进入互联网络;一类是直接在互联网上"发表"的文学作品;还有一类是通过计算机创作或通过计算机软件生成的文学作品进入互联网络。

1. 网络文学的特点

网络文学由于借助于互联网媒体传播,因此相比纸质传统文学具有较大的特征和优势。具体来说它具有如下特点:

一是主体的网人化。这是指作为网络文学第一主体的作者和第二主体的读者,不仅是社会的人,而且更是一个生存于社会的网人,即他的生活与网络关系密切,而非可有可无。这个人深谙网络法则,而不是一知半解。因此,主体的网人化令网络文学的创作与接受两个环节有机衔接,使作者与读者之间的"对话"成为可能,同时也令网络文学创作成为一种具有网络文学特质的文学现象。

二是媒介的符号化。网络文学是借助网络文学语言来构建电子文本的。在这里,网络文学语言和传统的纸质文学语言不同。相比于借助于语言文字而形成的一种具有形象性、蕴藉性、音乐性等特征的社会性的符号系统,网络文学语言是一种以语言文字为主,同时又输入了计算机符号以及网人自创的抽象符号的非完全社会性的符号系统。它仅仅为网人所使用，并令网络文学创作呈现机械化、直露性的文体特征。

三是文本的多媒体化。传统的纸质文学作品是在印刷文化时代所出现的文学样式。由于受技术的限制，它无法实现文字、声音和图像的整合表现。而网络文学出现在如今的电子科技时代，是运用多媒体技术构建起来的一种将文字、声音、图像融为一体的电子文本。

2. 网络文学的种类

相比传统文学作品，网络文学作品在种类上有相同之处，也有不同之处。

一是网络文学中也存在一些与传统文学体裁类似的作品，如诗歌、散文、小说等。不同之处在于，这些作品由于与网络相结合，因此有自己的特点，如相当多的网络小说是在作者与读者的即时互动中完成的。目前，网络文学中比较受欢迎且创作数量多的就是网络小说。

二是网络文学和传统文学作品一样，也同样存在着高雅和低俗作品之分。而且由于网络的开放性和缺乏约束力，网络文学中的低俗作品数量尤其多。

二、低俗网络文学

低俗网络文学在网络文学中数量众多。那么何为低俗网络文学呢？顾名思义，低俗网络文学就是诸多网络文学作品中低级趣味、低俗化的部分。它同样具有网络文学的特点，即第一是主体的网人化，其创作与接受两个环节有机衔接，一定程度上读者的去中心化，令读者既是受众也成为传播者；二是媒介的符号化，即网络成为其传播媒介，令其呈现机械化、直露性的文本特征；三是文本的多媒体化，使之可以实现文字、图像、声音多种方式融合一体的电子文体格式。但这种网络文学最突出的特点体现在低俗化上，而这种低俗化对读者具有着消极的影响。

那么，低俗网络文学的低俗，体现在何处呢？

1. 内容的低俗

低俗网络文学的取材主题一般是玄幻穿越、异形职场、耽美同人爱情，同时还涉及大量色情、暴力斗争的描写，有的甚至是直接大幅度色情情节的描写。这种文学作品传播了金钱美色至上、虚幻另类搞怪、世俗低级趣味，一旦长期阅读，会将人类原本常态的精神面貌、体格、情感扭曲，并将之合理化、正常化，造成精神污染。

2. 创作手法粗糙

这些低俗网络文学的作者为了追求创作速度和字数，不注重文字加工过程中的艺术性和正确性，加之作者本身文学功底有限，造成创作手法粗糙、词汇滥用，无法达到像纸质文学创作者那样对字句和表现手法的推敲。

3. 创作动机功利化

低俗网络文学作者为了迎合读者，为了吸引传媒的注意，也为了获得更高的点击率，往往将自我弃之一旁，而自我是创作人员最为宝贵的东西。试想，一部失去了自我的作品，就如同失去了灵魂，又如何能保证质量真正打动读者呢？这样的作品自然就失去了文学本源价值和意义，最终会湮灭于时间洪流之中。

三、网络小说及其种类与特点

网络文学和传统文学一样，也同样具有小说、散文等体裁。而网络文学中，网络小说是创作数量最高的一种网络文学样式。那么，网络小说包括哪些种类？它又具有怎样的特点呢？

1. 网络小说的特点

与传统小说相比，网络小说因在网络上传播和阅读而具有自己的特点。具体来说，它的特点如下：

一是创作的开放性与发布的自由性。网络小说在创作上的开放性与发布的自由性上主要表现于两大方面：一方面是从创作阶层而言，众多网络文学原创网站的存在，使得作者的阶层化消失，其创作主体由专业作家变成了广大草根平民；另一方面是就发表模式而言，其创作与发表越过了传统编辑出版过程中所需要面对的层层把关遴选，得以在网上畅所欲言、自由张扬，创作者可以尽情抒写自己的故事、传递自己的情绪。

二是风格的情感化与个性化。从写作风格而言，网络小说的叙述极具情感张力，充满作者个性化特色。高度发达的互联网是创作者发挥无限想象力及创造力的广阔平台，同时也因为网络的匿名性特征，创作者避免了因为写出有争议的作品而对现实生活产生实质性的影响，因而可以将创作者本人的风格淋漓尽致地呈现出来。

三是题材的多样性与交融性。网络小说的题材范围极其宽泛多样，因此在网络小说中可以找到言情、武侠、科幻、玄幻、军事、历史等不同题材的作品。

四是写作方式的多样性与综合性。由于网络小说的创作平台是计算机和互联网，因此创作者可以将一些先进技术利用起来，从而突破传统的文字写作与阅读方式。比如当某人物在小说中出现时，读者可以链接到人物的肖像；当文章回忆某段故事情节时，读者可以欣赏到这一段回忆视频。

五是传播交流的迅捷性与互动性。网络小说的传播平台——网络，让读者和作者之间可以即时互动交流，作者可以与读者在互动中不断完善文稿，甚至可以参考读者的建议修改作品。

六是语言的时代性与鲜活感。网络小说是应互联网时代而出现的，与时代紧密相关，因此其作品语言多生动幽默、鲜活灵动、极其生活化，是一种"快餐文化"。读者可以在阅读过程中快速浏览、即时阅读，而作者可以边写作边发表，无须在最初就考虑到出版，也不存在修改与定稿之说，因此用词简练、极富时代感。这种语言特征因为与时代接轨、与社会衔接，具有口语化的特点，符合网友的阅读习惯。

2. 网络小说的类别

网络小说区别于知名作家出版的纸质图书，是通过网络传播阅读的小说。它同样具有小说的三要素：人物、故事情节和环境。由于网络的独特性，网络小说的种类和传统小说有着相同与不同之处。相同之处，即它同样可以从篇幅上划分为长篇小说、中篇小说、短篇小说和微型小说；不同之处是，它划分出了传统小说中不存在的许多类型，即魔幻、修真、黑道、耽美、同人、太空、灵异、丧尸、异形、机甲、女尊、百合、美男、重生、异能、穿越、架空等。这些类型的小说，每一类都有其独特的情节模式、背景设置、人物塑造等。但由于网络的传播速度之快，因此其自身存在着相互抄袭模仿、情节和人物塑造模式化，以及过度商业化和脱离生活、想象力枯竭等问题。

除此之外，就性质而言，网络小说和传统小说一样，同样有高雅和低俗之分。前者自不必言，后者的低俗性则成为网络不良小说的源头。

第二节　网络不良小说的危害

综上所述，网络小说具有它自身的优点，网络小说的情节精彩，十分适合用来消遣娱乐；读者阅读便捷，随时随地可以获取；适量阅读，还可能提高自身的想象力和创新能力，对写作有一定的帮助。然而，并非所有的网络小说均对人有益，其中的网络不良小说对于读者，尤其是中小学生就存在极大的危害。

一、对青少年学生的危害

案例

张某是一所中学的住校生。他一直追网络连载小说，一天少则三个小时多则七八个小时的阅读时间，甚至在假期里不分昼夜地看小说，尤其喜欢武侠、科幻一类的小说。结果他总是每天后半夜才睡觉，睡眠严重不足，精神状态不佳。

沈某和张某一样是一所中学的住校生。她一直用手机看网络连载小说，一天差不多维持在四个小时以上的阅读时间，所看的多是青春情感类的小说。沈某平时在班里话不多，语文成绩很好，但由于经常牺牲睡眠时间看小说，结果白天上课经常打瞌睡而影响听课。

由案例可知，网络低俗小说对青少年学生造成极其恶劣的影响，影响学生的身心健康发展。具体来说，其危害表现在以下几方面。

1. 影响中小学生的身体健康

从上述案例可以看到，网络低俗小说如同毒品一样，让学生沉迷其中，形成网络小说瘾。网络小说瘾，即长时间观看网络小说，进入一种慢性或周期性的着迷状态，并产生难以抗拒的再度观看的欲望；对观看网络不良小说所带来的快感会产生心理和生理上的依赖，进而难以自控，难以自拔。他们为此耽误了学习，牺牲了休息时间，造成睡眠不足，上课注意力无法集中，肩酸腰痛，头痛和食欲不振及其他症状。由于网络不良小说传播的平台是网络，因此学生大多是借助于手机、电脑阅读，个别学生会去购买或租借已刊印出来的网络小说，结果由于长时间观看这样的小说，造成视力下降，加之长时间以一个姿势看书，缺乏运动，会造成体质下降。甚至一些学生为了获得买手机流量、上网吧看小说的费用而节衣缩食，将生活费挪作他用，造成营养不良，影响了身体健康。

2. 对中小学生造成信息污染

网络小说因其特定的平台和与时代接轨，因此其中包含着丰富的信息。但网络不良小说中包含着大量未经系统化、条理化处理的信息，加之网络文学缺乏监管，其中的色情、暴力、反动等负面信息屡见不鲜，这些不良信息对于正处于成长阶段、还不具备完全的是非辨别能力、自制力和选择能力的青少年学生，会造成不良影响。

3. 影响学生的心理健康和人际交往

网络不良小说中的色情、暴力和凶杀等情节，会对青少年学生造成消极的影响。一些学生在现实生活中会模仿小说中的情节，如一些学生被人追逐时想着"瞬移"，与他人发生矛盾时想用禁咒杀死敌人，成天梦想着穿越时空、逃避现实。一些学生脾气变得暴躁易怒，在家中与父母吵架，在学校沉迷于小说不与同学交流，不愿意参加集体活动，因此影响了人际关系，导致其责任感的丧失。

案例

2016年12月，湖南某县高三学生小龙在学校办公室用刀杀害了班主任，起因是班主任妨碍他看小说。高中期间，小龙用手机看了一千多本玄幻小说。在同学们眼里，他"像是被小说控制了，分不清现实与虚幻"。案发前一晚，小龙曾笑着对室友说出玄幻小说里的台词,称自己"大限将至,阳寿已尽"。他喜欢玄幻小说里那些"智商极高、感情淡漠的反派角色",凡是挡了自己道、触犯了自己尊严、有利益冲突的人,都可以轻易杀掉。因为习惯了这种情节,小龙对现实生活中的杀人行为也视作寻常。

4. 影响学生的学习

一些学生因为沉迷于网络无法自控,将业余时间都用于阅读这些不良小说,甚至发展到了吃饭、走路、坐车甚至睡觉时也看,可谓废寝忘食,进而上课注意力不集中,课下不复习巩固,导致成绩下降,影响了学业。须知,青少年学生正处在为自己的人生、前途而储存知识的黄金期,错过了就没有机会重新来过,而此时沉迷于网络不良小说荒废了学业,就等于荒废了整个人生。

二、对学生家庭的危害

案例

对孩子来说,爱看书是个好习惯。可是对于我儿子来说,这个"好习惯"却成了"大问题",他痴迷看网络小说已经到了废寝忘食的程度。上课看,下课看,家里看,放学的路上也看,上厕所也看,不分时间、场合。因为看小说,被老师请了多次家长。他看书时的投入,一点都不比沉溺于电子游戏的学生"逊色"。

有很多次,我半夜起来上厕所,发现他房间灯还亮着,进去一看,吃惊地发现他穿戴整齐地坐在书桌前,正津津有味地看一本书。给他没收了没几天,他又会买新的。上个月,他的班主任跟我反映说儿子上课总是没精打采,上不到几分钟就趴在桌子上睡觉,让我带他看医生。医生检查了很多次,并没有发现他身体有什么异常,我知道,儿子肯定又是熬夜看小说了。

其实在这之前,儿子成绩很不错。可是不知道从什么时候起,他变成了现在这个样子,心思完全不在学习上,儿子的表现让人揪心。道理我给他讲过很多次,可是他就是听不进去,对此,我真的是一点儿办法也没有了。

这是一位家长面对沉迷于网络不良小说的孩子发出的无奈的呼声。事实上,学生沉迷于网络不良小说，对于家庭同样造成极大的危害，甚至可以说是家庭的灾难。

首先，孩子从出生开始就是父母的全部、父母的希望，父母无怨无悔地为孩子付出的动力是看到孩子健康成长、成才。当孩子上学时，父母充满期待地看着孩子背起书包，希望孩子成龙成凤，希望孩子在将来生活得更好。为了孩子的未来，父母不惜花大量的金钱培育孩子，上各种各样的培训班。然而，青少年学生一旦沉迷于网络不良小说就会荒废了学业，于家长而言犹如晴天霹雳。倘若父母再缺乏教育的知识，对孩子束手无策，那么父母在期望破灭的同时，对家庭也会产生极度的失望，甚至会造成家庭的分裂。

其次，青少年沉迷于网络不良小说必定会花费更多的钱，一方面是手机费用的增加，另一方面花费大量金钱去租书或买书，此举加重了家庭的经济负担。更为严重的是，有的孩子为了能有更多的钱来看网络小说而不吃早餐省下伙食费，影响了身体发育，甚至生病，结果家长不得不带孩子去看病，又加重了家庭的开支。比如某中学生十分喜欢看网络小说，妈妈为了让他从中走出来，已经没收了他的两个 MP4，没想到他又偷偷地买了一个，还是为了读那种玄幻小说。沉迷玄幻小说一年后，他不仅学习成绩下降，连身体也熬坏了，父母不得不再花费金钱替他看病。天下的父母都希望自己的孩子健健康康。孩子的健康一旦出了问题，父母也无心工作，导致整个家庭都陷入灾难之中。

最后，网络不良小说中或是充满色情，或是暴力、凶杀的内容，给青少年学生带来很大的影响。另外，学生一旦沉迷于网络不良小说，就会神思恍惚，懒于和家长交流，造成亲子关系的冷漠，伤害了亲人之间的感情。

三、对社会的影响

每个人都具有社会性，都有与他人交往的需要，交往过程中必然会相互影响。青少年学生亦如是。沉迷于网络小说的同学会对其他同学起到感染作用，带动周围的同学一起沉迷，由此对学校营造良好的学习氛围有很大的副作用，不利于学校教学。同时，由于青少年缺乏一定的知识经验积累，辨别是非能力还不够，自制力比较低，导致其更易于受到网络小说的负面影响，对价值观产生畸形的认识。这种畸形的价值观会影响他们的为人处世,对学习和工作的态度,甚至给社会造成不良影响。

案例

　　湖北省某市一位高二班主任王某在家中被残忍杀害,全身被刺数十刀,其中面部就有九刀。两天后,18岁的高二学生方某对警方供认了自己犯罪事实,声称是由于自己在早自习时偷看网络小说被王老师抓到,双方发生争执,方某将老师推倒,王老师一气之下用书扇了方某两耳光。为什么一次争执竟引发一桩"杀师"惨案呢?后据了解,方某很喜欢网络游戏,常去网吧拼杀;酷爱武侠和网络小说,总在课堂上偷看,初中三年被老师收缴的小说就有50多本。方母沉迷麻将,父亲嗜酒如命且脾气暴躁,家长平常对他管教甚少。方某性格内向,有点偏执。因为王老师多次收缴他偷看的小说,还要请家长,方某认为老师故意跟他过不去,一直怀恨在心。这种情绪没能及时得到疏导和排解,最终因老师的"两耳光"引爆,导致惨案发生。

　　据调查,像方某这类的恶性事件频现报端。尽管这仅是极端化的个别案例,反映的却是网络不良小说对社会的污染之严重,对青少年学生的影响之严重。比如一个13岁小男孩痴迷玄幻小说,休学回家闭关修炼魔法;一个小伙子整天忙着写玄幻小说,被朋友和邻居们戏称为"玄幻哥",妈妈怕他太痴迷不让他写,他就爬上50米高的铁塔,扬言剥夺他的写作权他就跳下去;一名19岁青年想在现实中过一把玄幻的瘾,于是组建"黑域帮",自封为老大,并策划抢劫网吧,造成两名高中生惨死的恶性事件……类似的例子不胜枚举。

第三节 网络不良小说的预防与教育

中国青少年研究中心去年发布的一份调查报告显示，少年儿童的网络小说接触率为60.3%，其中初中生的接触率高达66.6%，8.2%的少年儿童经常出现"健康出现问题也要继续阅读网络小说"，6.8%经常因"阅读网络小说使成绩大幅度下降"，6.6%经常出现"每天大部分时间都在想着阅读网络小说"的情况。那么，究竟青少年学生为什么会沉迷于网络不良小说？如何预防？又如何对沉迷其中的学生进行教育呢？

一、学生沉迷网络不良小说的原因

高品质的网络小说可以让中小学生在繁忙的学习之余放松身心，满足其占有信息量大、求知欲强的要求，找到一个宣泄情感的空间。然而，低俗的网络小说对于学生会产生极大的危害。那么，青少年学生究竟为什么"明知山有虎偏向虎山行"呢？

1. 网络不良小说本身的诱惑

网络不良小说，尤其是一些魔幻类小说，很大程度上受日本漫画的影响，存在着新鲜感、虚拟性、幻想性等相当多的吸引人之处，其中最为吸引人的就是它的虚拟性和幻想性。于中学生而言，他们可以在这样的小说中找到幻想的虚拟世界，感到自己就是那个拥有超能力的主角，可以征服虚幻的世界。另外，网络不良小说中充斥着各种黄色、暴力内容，这对于心智正处于发展阶段、明辨是非的能力弱、意志力不坚定、审美情趣欠佳、性意识觉醒但通过正常渠道无法获得性知识的青少年学生来说，存在着极大的诱惑。

同时，网络不良小说中的言情小说宣扬的不良爱情观，对正处于对异性和爱情充满渴望的青少年学生做了错误的引导。

案例

某高一女生每天幻想着成为某电视剧里的女主角，认为自己和相当多的女主角很相像，长相一般，可是很善良，特别喜欢小动物，也很努力。由于小说中这些女主角都是在大公司上班遇到男主角的，或是在咖啡店打工时吸引到男主角的，于是她对家长扬言自己要辍学，去大酒店做服务员，这样特别容易碰到住总统套房的多金总裁。

可以说，这种网络不良言情小说最容易让青春期的乖乖女身陷其中，一些女孩子甚至已经处于妄想症的边缘。

2. 家庭环境的影响

学生沉迷于网络不良小说，也与家庭环境有关。一方面，一些家长缺乏对孩子的教育和关心，一味地满足孩子的物质要求，而忽视了他们的心理需求和心理问题，从而让他们不得不到小说中寻找和体验家长的关心。另一方面，一些在现实生活中物质上无法得到满足的孩子，就会选择在虚幻的世界中得到。还有一些家长只知道限制孩子看网络不良小说，甚至为此不给孩子零花钱，却不知道如何从根本上说服孩子。可以说，学生沉迷于网络不良小说，反映了家庭教育的缺失或失当。

3. 社会原因

当前中小学生学习压力大，无论是在校还是在家均无法保证自己获得真正的个人空间，而网络不良小说让他们获得了一个私密的空间，可以让其情绪得到宣泄、情感得到寄托，因此导致他们沉迷于网络不良小说，获得短暂的放松和快感。

此外，网络不良小说的管理和治理不良，也为学生沉迷网络不良小说提供了便利条件。一项针对湖南、安徽、黑龙江等多地书市、校园周边书店及学校的调查发现，无论是网上还是实体店铺，网络不良小说均充斥其中。此类书籍区域聚满了年龄10～16岁的孩子，他们席地而坐，读得津津有味。某小学附近的书店，店内右侧堆满了各种"青春读物"，一位穿着校服的女生正在翻看一本网络不良小说，封面上不乏穿着暴露、画风大胆的人物形象，以及一些带有色情暗示的词汇。诚如一位校长所说："学校辛辛苦苦培养孩子的阅读习惯、引导孩子读好书，结果放学去书市、租书店里逛一圈，就全白费了。"

以上均说明了青少年沉迷于网络不良小说的社会原因。而这些不良小说内容严重同质化、语言粗糙、情节简单，却让无数青少年学生沉迷其中。

二、预防学生沉迷网络不良小说

内因是事物发展的根本原因，外因是事物发展的条件。因此，针对青少年沉迷于网络不良小说，学校要联手家庭，通过从思想上改变学生的意识，引导学生正确的价值观念，进而达到治本治根的效果。

1. 学校加强宣传，正确引导

学校是学生学习和生活最重要的场所，因此学校承担着预防学生沉迷网络不良小说的艰巨任务。为此，学校首先要加强宣传教育。

（1）正向引导，培养自制力。

首先，学校要让教育与网络发达、广泛使用的社会大环境相一致。为此，学校可以利用道德与法治课程，引导学生正确认识网络，理性看待网络文学和网络小说，引导学生正确使用网络。

学校还要实行严格的规章制度，严禁学生在校携带手机，杜绝学生在校阅读网络不良小说的渠道，注意培养学生严格要求自己的品格，进而提升学生的自制力。

（2）了解自己，克服弱点。

学校要利用心理课让学生了解自己的优缺点，从而教会学生克服和改善自身缺点的方法；建立学生心理状况档案，设有心理咨询室，建立心理健康咨询网站，开展网上"心理咨询"，使学生在出现心理困扰时能有求助的途径。

（3）组织活动，引导阅读。

学校要注意针对网络不良小说的危害，开展丰富多彩的课外活动，让学生感受到学校生活的精彩；意识到不止小说的故事情节精彩，自己的生活故事也很有吸引力。同时，学校可以相应地组织一些阅读活动，比如开展关于阅读文学作品的班会，向学生推荐中外经典文学作品，用经典驱逐糟粕，让学生学会鉴别与选择。

学校还要注意利用民族文化中的优秀作品，培养学生的民族荣誉感和优越感，使之体会到肩负经典文化传承的重大使命，认识到民族文化作为世界文化的重要组成部分，在网络时代更要被保存和发展，从而自觉选择优秀的民族文化作品，远离网络不良小说。

（4）开辟渠道，引进活水。

互联网正铺天盖地地进入我们的生活，因此与其堵不如疏，学校不妨充分利用网络平台来教育学生。学校要建立并完善校园网络，开设电子阅览室，阻止网络不良小说在校园网络中的传播，开辟更多更好的青少年阅读网站，坚持传播正确、健康的信息和声音，弘扬时代的主旋律；要有服务意识，贴近师生的学习和生活，成为他们的良师益友，还要注重以生动形象的形式吸引青少年。总之，学校要为学生创设进步、文明、健康、高尚的网络氛围，以满足他们正常的精神需求。

2. 教师正确引导，加强师生沟通

除了学校举行的各种活动、采取的各项措施外，教师作为学生教育中最为切近的人，也要注意发挥预防学生网络不良小说沉迷的作用。

（1）充分了解，提升技法。

作为教育者，教师更需要不断更新自己的知识，对网络及网络环境有充分的了解，不断提高自身业务水平特别是网络思想教育的理论，并且把它运用到课堂教学上，以指导学生正确掌握网络信息的方向。学校也应组织老师就教育方法与技巧进行教研，互相学习，弥补不足，共同应对学生出现的问题。

（2）巧妙沟通，发现问题。

教师要与学生保持良好的师生关系，要经常表扬学生，使他们对自己更加认可，也会降低其对网络不良小说的迷恋，在与学生沟通时，教师要注意沟通技巧，帮助学生端正人生观、世界观、价值观，树立坚定的信念，坚守自己的理想，使其找到真正健康成长的途径。

(3) 组织活动，提升认识。

班主任可以充分利用网络对学生的吸引力，利用网络开展辩论赛、网络授课等形式对学生进行思想工作。同时，教师要使自身成为集较高的政治理论水平、德育工作水平、现代信息技术于一身的教育者，成为学生人生追求的促进者、学习的榜样。

课任老师，尤其是语文老师，可以在日常课堂上多与学生分享一些优秀的文学作品，介绍名著中的精彩片断，吸引学生，鼓励学生去阅读经典的文学作品。有条件的学校可增加阅读课，带领学生走进图书馆，指导学生选择图书，阅读名著。

(4) 同伴互助，促进成长。

无论是班主任还是道德与法治教师，均可以通过教育使青少年提高辨别、选择、自制等各方面的能力，帮助青少年切实解决思想问题，使学生在复杂的网络环境下自觉抵制网络不良小说的诱惑。教师可以指导学生根据自身的情况制订学习目标、理想，并为理想的实现而努力，从而摒弃网络不良小说。

教师，尤其是班主任要指导学生成立互助小组或结对子，让学生之间互相监督、互相约束，团结友爱，营造良好的人际关系，提高其对现实世界的认可度与快乐感，使其自觉摆脱对网络不良小说的迷恋。

3. 家长引导和监督

家长是孩子的第一任老师。因此，从家庭方面来教育孩子远离网络不良小说具有事半功倍的作用。学校和教师要对家长进行引导，帮助家长提升认识，掌握科学的教育方法。

(1) 提升家长认识，促进亲子关系的谐调。

学校和教师要与家长达成共识，使家长认识到，家长与孩子之间建立良好的沟通，会有利于家长及时发现问题，及时帮助孩子纠正对网络文学的认识，从而促使孩子远离网络不良小说。

学校和教师要引导家长掌握科学的教育方法。要让家长认识到，发现孩子沉迷网络不良小说后，首先不要指责、谩骂，而要先了解孩子所看小说的内容，或者干脆和孩子一起看，然后以朋友的立场和孩子交流探讨，委婉地指出这种小说的弊端，再适时地引导孩子看一些有益的书籍。除此之外，家长要注重培养孩子一些其他的兴趣爱好，丰富孩子的业余生活。比如可以鼓励孩子动笔写作，因为一旦动笔孩子就会发现写作不是那么容易的，而文学的天地很大，继而对那些经典作品产生兴趣。

（2）认清网络，丰富生活。

学校和教师要让家长认识到，良好的亲子关系、丰富的家庭生活有利于孩子远离网络不良小说。首先，家长要正确引导孩子使用电脑。为此，家长要对网络有充分的了解，这是沟通的基础，如此一来才能与孩子有共同语言，孩子才会有与父母沟通的愿望。所谓"实践是检验真理的唯一标准"，家长要在实践中教孩子，要与孩子一起上网，在这个过程中，告诉孩子哪些网络小说是不好的，同时给孩子推荐一些孩子感兴趣且有用的网络文学作品。家长也要丰富家庭生活，多举行家庭活动，如户外烧烤、旅游等，使孩子的身心健康发展。同时，家长还要严格控制孩子手机使用的时间和内容，也可以通过奖励的方式来引导学生使用手机。家长与孩子要建立平等、和谐的关系，这对孩子的健康成长至关重要。

（3）以身作则，引导习惯。

所谓身教胜于言教。在家庭教育中，家长的一言一行对教育孩子具有事半功倍的作用。在现实生活中，相当多的家长当发现孩子阅读网络不良小说时，只会一味地指责孩子。实际上这是不正确的做法，还可能会适得其反。要让孩子不痴迷于网络不良小说，最重要的就是家长以身作则，在家庭内部创造读书氛围，引导孩子养成读好书的习惯。

针对网络不良小说"网"住孩子这种现象，心理教育专家表示，中小学生在紧张的学习之余看一些内容健康的网络小说调节一下也未尝不可，但过度沉迷或看网络不良小说对学生的成长确实不利，甚至会影响到他们人生观、价值观的形成。因此，专家建议家长，首先要引导学生有选择地阅读，不妨向孩子多推荐举内容积极健康、符合其口味的书籍，扭转其阅读方向，让他们在阅读中提高鉴赏水平。倘若一味压制，可能会激起孩子的逆反心理，适得其反。

除此之外，家长还要在与孩子保持良好沟通的前提下，去了解一下孩子在看的网络小说，弄清这些小说之所以吸引他们的原因。这样做，一方面可以增加与孩子沟通的话题，另一方面也可以了解孩子的心理需求。

总之，学校教育、家庭教育、网络环境的优化以及学生自身的选择，这几个方面是相互联系、相互作用的。因此，在思想政治教育中要把它们联系起来、交叉运用，才能发挥更好的效果。

三、沉迷网络不良小说学生的教育引导

除了积极预防，学校、教师和家长还要做到能够及时发现学生沉迷于网络不良小说的苗头，有针对性地对小群体或个人进行教育，从而挽救学生。

1. 分析实质，强调危害

对于沉迷于网络不良小说的学生，学校和教师要通过多种形式的活动，对他们进行针对性的教育。

（1）主题班会。

作为围绕一定主题而举行的班级成员会议，主题班会对于教育那些沉迷于网络不良小说的学生有着相当积极的意义。这是因为主题班会活动一般都是围绕着预定的主题进行，可以针对某一阶段班级出现的问题，或结合相应节日、学校工作安排，确定有教育意义的主题。另外，主题班会内容服务于主题，可以集中突出、强化针对网络不良小说沉迷的教育主题。因此，以主题班会的形式开展对沉迷网络不良小说的学生教育，非常适宜。

（2）专题讲座。

学校或班级可以针对学生沉迷于网络不良小说的问题，邀请有关人员，如教育专家、心理学专家、作家、医生等，给学生做系统讲座，使沉迷网络不良小说的危害、正确对待的方法等更贴近学生的生活。还可以邀请执法人员讲述沉迷网络不良小说导致的违法案件，从普法、懂法的角度进一步阐明网络不良小说的危害。

除邀请校外相关专业人士，担任讲座主讲人外，也可根据本校学生的具体情况，请本校领导、教师甚至学生担任。

（3）座谈会。

围绕网络不良小说沉迷的危害，学校或班级可以和那些沉迷于网络不良小说

的学生进行座谈，大家交流沉迷前后的感受，探讨解决的方法，以及说说心里话。当然，也可以请家长参与，让学生与家长坐在一起说说心里话，消除隔阂。这种方式的教育活动气氛民主、自由，利于学生发挥主动性自己寻找问题的答案，是交流思想的一种方式。须知，在和谐的气氛中，学生易于袒露思想，发表对网络不良小说的看法与大家交流，提出尚未解决的疑惑与同学研讨。通过交流，学生能够相互启发、相互促进。不过要注意的是，座谈会的主题一定要明确，并可以根据主题邀请有关名师或校外人士参加。

（4）讨论会。

讨论会是发挥集体力量对沉迷于网络不良小说的学生进行教育的极好形式。要注意的是，教师会前要组织学生做好充分准备，围绕网络不良小说沉迷的相关现象和危害、沉迷于网络不良小说的典型思想等问题，预先设定讨论题目，让讨论会高效务实，最终达成共识。

2. 运用事实，引导教育

对于沉迷于网络不良小说的学生，学校或教师要注意发挥家长的作用。

案例

老师：

您好！我儿子现在上高中。最近一段时间，我发现儿子经常偷偷上网看网络不良小说，其中的一些色情画面相当露骨。我担心这些会影响儿子的学习和身体健康，但毕竟是我暗地里发现的，不知怎么做才能帮助他远离这些网络不良小说。

请给我这个当母亲的出点招，谢谢！

这是一位家长在发现孩子沉迷网络不良小说后发出的求助之声。面对学生沉迷于网络不良小说，教师如何指导家长教育和帮助孩子呢？不妨采用以下方法。

（1）调整心理，平和接受。

第一，教师要提醒家长，面对孩子偷看网络不良小说的情况，首先不要过于害怕和担心，因为这说明孩子长大了，对自己的性别有了认同，对异性也产生了强烈的认知欲望，这与寻求数、理、化等知识没什么两样。接下来家长要做的就是帮助孩子接受自己身体的变化和成长，并指导孩子正确看待网络不良小说的内容，慢慢引导，使之远离网络不良小说。

第二，教师要提醒家长，不妨在家中创设和谐融洽、畅所欲言、平等交流的沟通氛围。这样一来，家长就易于与孩子探讨，网络不良小说对人的害处，引导孩子进行自我教育和自律。家长可以以孩子到了青春期为由，与孩子探讨性生理和性心理等方面的知识，比如性欲望、性冲动（性欲望和性冲动是伴随着生理、心理、情感和性的变化，而出现正常身心表现）、手淫（有的男生或女生有性自慰的行为，让他认识到这些均是缓解性紧张和躁动的一种方式，也是正常的）、性梦、性幻想、爱慕异性、恋爱、婚前性行为、婚姻责任等方面的科学和法律知识等，使孩子在愉快和谐的交流和探讨氛围中接受"扶持和修剪"，从而消除对性描写的好奇心理，待以平常心。

第三，教师要引导家长认识到，孩子之所以看这类不良小说，主要是由于孩子处在青春期，性意识觉醒，好奇心驱使其下意识地去寻觅，以满足好奇心和求知欲。在这种情况下，家长要把孩子当作知心朋友，大方地与孩子交流和探讨这方面的内容。如果家长羞羞答答、扭扭捏捏不敢理直气壮地与孩子交流探讨这方面的内容，那么就越发使孩子觉得性是个神秘的、见不得人的事。结果是家长越遮遮掩掩，孩子就越要弄个明白，就越会对网络不良小说产生兴趣。如果家长大大方方地把科学的性知识告诉他，就能消除孩子对性的神秘感，达成用科学知识去防范不健康思想和行为对孩子的侵蚀。当然了，家长与孩子进行有关性的交流探讨时，不应单纯为性知识，还应包括爱的教育，让孩子懂得什么是爱、如何去爱、如何保护自己、如何爱护尊重他人、爱的责任等。这样不仅使孩子习得了科学的性知识，而且也学会了正确认识和理智地控制情感，进而达到"认识和接受自己的情感比否定它们要好"的目的。

第四，教师要提醒家长，在与孩子谈论性话题时，首先要把孩子当作知心朋友，借日常生活中所遇到的某件性问题事件为开头，大方地与孩子交流和探讨。要把孩子看作是正在成长的"成人"，在尊重孩子的独立意识的前提下做他的朋友，以建议的方式引导孩子自己判断：看那些网络不良小说究竟对不对、该不该、值不值、做不做。比起他律来，自律的效力会更显著、更持久，孩子也更乐于接受。同时引导孩子珍惜时间，珍惜青春这一人生最宝贵的黄金期。

第五，家长在发现孩子偷看网络不良小说中描写色情的内容时，要注意做到不急不恼，因势利导。比如把自己曾经的青春期的所作所为，以及当年同龄人在青春期的表现或失误讲给孩子听，这会对孩子起到重要的借鉴作用。家长还要设身处地从孩子的角度考虑问题，多用开放式的提问引导孩子表达自己的想法。比如，家长可以和孩子说："最近听说你们男孩（或女孩）看网络言情小说的比较多，你对这件事情是怎么看的？""假设有一位同学看有关成人性生活的网络小说，你的感觉或看法是怎样的？""如果你的好朋友也看这一类的书籍，你会给他什么样的建议呢？"孩子谈出自己的看法之后，家长一方面要对孩子的看法给予肯定和欣赏，另一方面试着整理孩子说过的话，并表达其说过的话的感受及意义，让孩子觉得父母理解自己，于是愿意与家长更深入地探讨。当孩子与自己的价值观不一致时，家长要表现得开明且不作否定的批判，这样孩子就会对家长放开心态畅所欲言，家长才能更加了解孩子，并有机会对孩子进行正确而适时的引导和提醒。

（2）科学指导，多种举措。

对于那些已经沉迷网络不良小说的孩子的家长，教师要提醒家长不要过于着急，打骂只能激化矛盾，而要采取多种措施，帮助孩子远离网络不良小说。事实上，孩子沉迷网络不良小说，说明他们对现实生活有诸多不满，家长要多和孩子交流和沟通，多和孩子讲道理，帮孩子分析沉迷网络不良小说的害处，再想办法转移孩子的兴趣。具体来说可以采用以下方法：

第一，家长要帮助孩子先恢复正常的生活规律，再去考虑学习。相当多的家长强迫孩子立刻回到正常的学习节奏，以帮助他们逃离网络。事实上，许多孩子因沉迷于网络不良小说而学业落后了一大段，贸然把他们拉回学习中去，只会加深他们的挫折感，往往会让他们逃离得更快。所以作为家长，此时理应采取渐进式的做法。

第二，家长要鼓励孩子多进行体育锻炼。须知，网络不良小说沉迷的孩子和网络游戏上瘾的孩子一样，最缺乏的是自信心跟自制力。家长可以建议孩子找时间做体能锻炼，甚至陪孩子一起锻炼。心理学研究发现，持续不断的体能锻炼，不但对孩子的身体健康大有帮助,也会大大提升孩子的自信心和自制力。

第三,家长要注意教导孩子学会解压的技巧。每个人都会面临压力,孩子面临的学习压力并不亚于成人。面对压力而适应不良,往往就会导致他们再次逃离现实生活。当孩子知道他有能力放松自己的时候,面对压力他就会轻松自在。

第四,家长要肯定并鼓励孩子的正面改变。只要孩子做到了他们自己原先的规划,每天锻炼,正常作息,家长就要抓住机会大加奖励,可以是口头上的称赞:"孩子你太棒了!你说到做到,是很不容易的事情。"有时候也可以量力而为地给一些物质上的奖励,例如孩子心仪已久的运动鞋、CD等。

第五,家长要帮助孩子寻找生活的其他重心。家长可以慢慢引导孩子寻找生活的其他重心,包括人际互动的机会、其他兴趣的培养等。当孩子的生活重心从网络扩展到了其他层面,他们就会有兴趣做些新的尝试和改变。但这需要一个过程,家长千万不能太着急。

第六,家长要帮助孩子找回学习上的兴趣及自信。在经济能力允许的情况下可以请一个家教,在家里帮孩子把落后的功课补上,让孩子对和同学一起学习充满信心和感到乐趣。这样,才有可能让孩子从网络不良小说的沉迷中慢慢走出来。

第七,融入孩子的世界,有意引导孩子看纸质书。孩子沉迷网络不良小说,家长首先要做的是和孩子一起看,融入孩子的世界才能了解孩子,并进一步引导孩子走出泥淖。平常多带孩子逛逛书店,可以借机向孩子推荐一些积极向上的好书,然后让孩子自愿选择要不要买回去阅读。

第八,重视家庭阅读氛围的创建。家长想让孩子养成读书的好习惯,首先自己得做出榜样。家长如果每天都能在孩子面前看书,久而久之孩子也会乐于接受书本。

3. 科学治疗,心理干预

在现实生活中,一些孩子一旦沉迷于网络不良小说,就会出现心理问题。此时,简单的说教已经不起作用,而需要进行专业的心理干预治疗。心理干预就是在心理学理论指导下,对个体或群体的心理健康问题和行为施加策略性影响,使之发生指向预期目标的变化。具体来说，包括以下方法。

（1）强化干预法。

所谓强化干预法，就是使有机体增强某种反应重复的可能性的力量，使之成为形成条件反射的关键变量。这种能增强某个反应在以后呈现频率的刺激就称为强化。这一方法是建立在操作性条件反射原理基础之上的，是指系统地应用强化手段去增加某些适应性行为，或减弱、消除某些不适应行为的方法。例如，某一行为若得到奖赏，则以后该行为重复出现的频率就会增加；反之，得不到奖赏的行为出现的次数就可能会减少。具体来说，强化的类型包括奖励和惩罚两种。前者包括正强化（即给予一个好刺激）和负强化（即去掉一个坏刺激），后者包括正惩罚（即施加一个坏刺激）和负惩罚（即去掉一个好刺激）。举个例子，当学生上网阅读了不良小说，造成上课打瞌睡，那么教师就可以建议家长取消其晚上看电视卡通片的"权利"。

一般来说，这种方法中关键的是强化物的选择。强化物包括社会性强化物、活动性强化物和物质性强化物。社会性强化物是与社会肯定相联系的言语刺激和非言语刺激，比如我们教师经常使用的表扬、给予注意、肯定的表情、目光的注视、身体的接触等，就是社会性强化物。活动性强化物是指学生可参加的室内外活动，如游戏、踢足球等。物质性强化物一般是指学生爱吃喝的东西、爱玩的物品和想拥有的物品，如玩具等。

在实际运用中，教师可以与学生约定，如果学生一天没看网络不良小说，就奖励他想要的东西；如果看了，就要收回给他的东西。

（2）转移注意力法。

注意力转移法是一种心理学上的调节方法。注意力是指人的心理活动指向和集中关注某事物的能力。注意是指人的心理活动对外界一定事物的指向和集中。转移是指个体对某个对象的情绪、欲望或态度，由于某种原因无法向其对象直接表现，而将其转移到一个较安全、可以为大家所接受的对象身上，以减轻自己心理上的焦虑。当我们发现一个学生沉迷于网络不良小说时，可以用其他活动吸引其注意力，这就是注意力转移方法的运用。

一般来说，帮助沉迷于网络不良小说的学生转移注意力的方法可以包括聆听音乐，让他们沉浸在音乐的世界，让美妙的音乐帮助学生从网络不良小说中走出来；也可以让他们出去找朋友踢球，出一身汗，将网络不良小说的吸引抛在脑后……

要注意的是，这种方法要坚持一段时间，一般要坚持一个月左右方能达到效果，之后还要注意巩固。

(3) 团体辅导法。

所谓团体辅导法，就是将网络不良小说成瘾的学生组成一个团体，由富有经验的老师作为指导者，运用团体动力理论做理论基础，综合运用团体咨询的原则和各种方法，达到使参加团队的成员整体戒除网络不良小说成瘾的目标。

第五章

网络诈骗的预防与教育

　　网络的开放性、便捷性以及网络行为的隐蔽性使网络犯罪变得轻而易举，让一些人不劳而获的心理得到满足。于是这些人利用网络链接，从事下载病毒、盗取个人账号钱财、实施诈骗、抢劫等犯罪活动。因此，对青少年学生进行网络诈骗的预防和教育，也是我们学校教育中的重要内容。

第一节 认识网络诈骗及其特点

案例

2017年2月4日，淮北网安民警接到报警称：其手机收到陌生短信，打开后，信用卡即被刷掉3920元。对此情况，网安部门高度重视，立即组织立案侦查。经勘验检查，被害人的手机被植入了木马病毒。一旦中了该病毒，手机的通讯录、历史短信记录及即时短信就会被犯罪嫌疑人拦截盗取，木马程序会自动将盗取的信息回传至犯罪嫌疑人的邮箱和手机。犯罪嫌疑人盗取用户手机短信里的银行信息后，针对某银行"e支付"功能，购买游戏点卡，盗刷被害人银行卡内余额。最终，公安机关抓获犯罪嫌疑人4人。

那么何为网络诈骗？它包括哪些种类，并具有怎样的特点呢？让我们一起来了解关于网络诈骗的相关内容。

一、网络诈骗的特点

网络诈骗通常指为达到某种目的在网络上以各种形式向他人骗取财物的诈骗手段。犯罪的主要行为、环节是发生在互联网上的，是用虚构的事实或隐瞒真相的方法骗取数额较大的公私财物的行为。

网络是一个虚拟空间，这就为犯罪分子提供了便利条件，犯罪分子可谓无孔不入、手段众多，且与时俱进，花样不断翻新。一般来说，犯罪分子在网络平台实施网络诈骗的手段具有如下特点。

1. 空间虚拟化、行为隐蔽化

网络诈骗并不像传统诈骗那样有具体的犯罪现场，犯罪行为地和结果地也不一致；行为人与受害人无须见面，一般只通过网上聊天、电子邮件等方式，犯罪分子就能在虚拟空间完成犯罪。犯罪分子在作案时常常刻意用虚构事实、隐瞒身份，加上各种代理、匿名服务，将自己的真实身份深度隐藏，从而难以确定嫌疑人所在地。同时，犯罪分子往往还利用假身份证办理银行卡、异地异人取款、电话"黑卡"等手段隐藏，得手后立即销毁网上网下证据，隐蔽程度更高，导致网络诈骗犯罪急速上升，打击难度也越来越大。

2. 低龄化、低文化、区域化

网络诈骗的犯罪分子作案时年龄均不大，文化程度偏低，且作案人籍贯或活动区域呈现明显的地域化特点。某些地区因网络诈骗犯罪行为高发、手段相对固定而成为网络诈骗的高危地区。犯罪嫌疑人作案呈现家族化、集团化发展趋势。需要说明的是，网络诈骗的地域特征明显，但并不意味着某种作案手法只有在高危地区或高危人群才会实施，而是呈现为某一高危地区人员实施较多的特征。

3. 网络诈骗犯罪链条产业化

由于我国网络诈骗犯罪呈现出地域产业化特点，在这些高危地区往往围绕某种诈骗手法形成了上下游产业式，且逐渐形成了一条成熟完整的地下产业链。

4. 诈骗手段多样化，更新换代速度快

网络诈骗手法多样，且不断更新换代，新型诈骗手法层出不穷，近10年是互联网高速发展的10年，也是网络诈骗手法不断翻新的10年。

5. 诈骗手法多元化、交叉化趋势明显

虽然我国网络诈骗犯罪呈现明显的地域特点，某种网络诈骗犯罪的手法在某一地区相对较为集中和活跃，但近年来诈骗犯罪高危人群的诈骗手法交叉趋势十分明显。此外，从各地破获的案件看，数个高危地区的犯罪嫌疑人相互串联、勾结从事犯罪活动的也日趋增多。

二、网络诈骗的方式及手段

网络诈骗所具有的这种特点，决定了其犯罪方式和手段的多样化。具体来

说，可以分为以下几种。

1. QQ 诈骗

所谓 QQ 诈骗，是指犯罪分子冒充 QQ 好友向线上好友借钱。犯罪分子先使用黑客程序破解用户密码，冒名顶替对方的账号与其好友聊天，然后向好友借钱。如果对方没发现，就会上当受骗，导致财产损失。通常情况下，由于 QQ 中都会有好友分组、备注，如亲友、同学、朋友等，犯罪分子冒充事主的亲友，谎称车祸、读书急需用钱，发银行账号过来要求受害人大额汇款。以下案例就是一例典型的 QQ 诈骗。

案例

小希在国外读书，一案犯获取了小希的 QQ 号码后，查看到 QQ 中小希的姨妈在线，于是以小希的口吻与其姨妈聊天。在聊天中，以急着交学杂费、生活费为由，请其姨妈汇款 20 万元。小希的姨妈误以为聊天的对方是小希，于是不假思索地直接汇款到对方指定的银行账号。

一般来说，此类诈骗中犯罪分子只要登录了当事人的 QQ 账号，就会冒充当事人的身份、口吻与其亲友对话，有时可以对多人实施诈骗。

案例

一日，某中学学生程某突然收到"QQ 好友"的信息，在聊了几句之后，对方称其母亲生病住院，需要部分费用救急。热心肠的小程正好勤工俭学攒了一些钱，于是就通过支付宝分 4 次打给对方 2000 元。当天，小程在与另两位同学小聚时，才知道那位"QQ 好友"也向这两位同学借钱，不过不是妈妈生病住院，而是爸爸生病住院，自己在旅游途中丢了钱包。于是经过与那位 QQ 好友电话沟通，小程和另两位同学才知道，大家都被骗了。

2. 网络游戏诈骗

计算机技术和网络技术的发展使得网络游戏产业得到迅速的发展，这也给了犯罪分子可乘之机，近年来利用虚拟网络游戏对学生进行诈骗的案例屡见不鲜。学生，尤其是中小学男生大多对网络游戏感兴趣，对游戏装备有着较高的要求，犯罪分子往往利用这一点进行诈骗，声称低价销售游戏装备和游戏币，在骗取了学生玩家的信任之后引诱玩家在线下银行为其付款，在学生付款之后却不履行承诺在网上消失不见，导致学生钱财两空。另外，一些游戏论坛上有人发帖称可以提供代练服务，但是在学生汇款并提供游戏账号之后，或者不为其提供代练服务，或者在为其代练之后将账号一并侵吞，造成了学生玩家严重的经济损失。

案例

小宁的爸爸和妈妈在5年前离婚了，爸爸独自抚养小宁。因为爸爸长期忙于工作挣钱养家，小宁经常一个人在家，因此迷上了网络游戏。大约在2016年9月份，小宁开始迷上一款网络游戏，常趁爸爸上班时在家里的电脑上玩。2017年1月20日，小宁在游戏上认识了一个名叫"辉哥"的人并添加其为网络好友。当小宁了解到可以通过"辉哥"花钱购买游戏中的"金币"与"装备"，于是就偷偷拿来爸爸的银行卡绑定了手机钱包。接下来，小宁先是给对方转去50元，对方发来一张游戏中的系统提醒截图称，已经成功"刷"到50万的"金币"，但需要小宁再转388元过来"注册"才能使用，"注册"后会返还388元。信以为真的小宁再转去388元，对方又称"注册"已经完成，但需要小宁再转去712元用于绑定"金币"，届时会连同此前的388元一起返还。当谈及退款时，对方又称需要支付900元以"确认银行账户"。待小宁支付后，对方又称还需支付1200元"激活银行账户"，"激活"后又称需要1500元手续费，又说"订单超时"需要充值1500元以恢复。在此期间，小宁曾表示不想再转钱了，对方便威胁称不继续便会"冻结资金"，还哄小宁称"弄好后钱就退给你了"。最终，小宁给对方转去了40个红包，但并未收到"金币、装备"，也未收到7000多元的退款，还被对方"拉黑"了。就这样，涉世未深的小宁一步一步遭诱骗，最终被骗走7000多元。而这笔钱是父子二人三个月的生活费。

此类案件以购买游戏装备、买卖游戏账号、游戏点卡充值、游戏代练等为幌子，犯罪嫌疑人通过游戏内发布信息，后让事主主动加QQ、微信等网络通信工具，经过一段时间聊天以后，以低于官方充值或高价收购账号装备为诱饵，利用学生防骗心理薄弱、社会阅历不足的特点，待时机成熟后直接诱骗事主转账，诱骗成功后直接删除QQ、微信好友。

3. 网上购物诈骗

网上购物诈骗是指消费者在网上购买商品而发生诈骗的行为。主要表现形式可能有以下几种。

（1）多次汇款。

骗子可能对学生假以款项没有收到或者汇款数额达到一定数目才能返还以前款项的说辞，学生在没有防备的情况下，可能会多次被骗，经济损失非常严重。

（2）提供假链接、假网页让学生汇款。

在大学生购买商品的时候，骗子为其提供虚假网页或者链接让学生付款，一旦付款就会被骗。

（3）拒绝第三方安全支付方法。

很多骗子都拒绝用第三方安全支付工具进行交易，他们一般会谎称自己的账户最近出现故障，支付宝付款不可行或者不使用支付宝可以省去一笔手续费，以提供打折为诱饵诱骗学生上当。

（4）以次充好、以假乱真。

很多学生发现自己花费了高昂价格在网上订购品牌产品之后，收到的却是假冒、伪劣和低廉的山寨产品，事后犯罪分子往往拒绝任何售后服务，学生投诉无门、叫苦不迭。

案例

新学期开学，高一新生小A在淘宝上购物后，收到QQ消息的加好友提示，便同意了加为好友。对方自称是店家，声称货物有瑕疵，需核实信息以便退款，小A不假思索地配合"店家"。首先收到"验证是否为本人操作"的验证码（其本质是淘宝账号的修改密码验证码），得到验证码后的"店家"首先修改了小A的账号密码（导致小A不能登录淘宝账号），同时掌握了其用户信息，并通过所得到的信息取得了小A的信任。然后小A在"店家"的循循引诱下输入了银行账号，并在支付宝的备注里输入了银行密码。当"店家"询问其卡上余额时，小A略感纳闷，但仍未怀疑。当收到银行的验证信息"尾号为××的卡将支出

××元"时，小A略有迟疑。在对方压力式"逼问"下，小A一着急便将验证码脱口而出。最后，小A银行卡被扣除800元，仅剩20多块零头。

网购作为新型的购物方式，以独特的购物理念和便捷的特点颇受中学生青睐。不法分子正是利用这一点，在网购平台上发布大量的虚假信息，上当者往往是那种社会经验不足、鉴别能力有限的中学生。

4. 虚假中奖信息诈骗

网络中奖诈骗，这是最早的网络诈骗方式。随着电子邮件、QQ、论坛短信、网络游戏等的出现，诈骗分子就盯上了。犯罪分子向微信、QQ用户、淘宝客户等发布中奖信息，要求当事人去打指定的电话或者去一定的网页中进行咨询和查证，并填写个人信息领取奖品，一些学生对此信以为真，被盗取了个人信息，导致银行卡、支付宝中的金钱被盗走，最后才幡然醒悟。此外，犯罪分子还会向学生发送中奖信息，学生点击链接，进入仿冒网站，学生访问其开设的虚假中奖网站，再以支付手续费、保险费、个人所得税、保证金等名义，要求受害者先向其指定账户汇款，金额几百到数万不等。在受害人汇款之后，诈骗分子又会罗列层出不穷的借口要求受害人继续向其汇款，继续骗取钱财。

案例

某日下午，高中生小勇来到市文化宫附近的一家网吧，玩网络游戏。没多久，屏幕右下角就不断弹出一个加好友的对话框，小勇点击"确定"后网上出现一条"幸运"提示："恭喜您被系统抽中为××无限惊喜活动幸运玩家，您将获得某科技有限公司送出的惊喜奖金32000元以及××公司赞助的Q40笔记本电脑一台。"小勇非常兴奋，就打开"官方网站"，网站上清楚地写着"需要预先支付600元手续费"。为了能尽快得到奖金和奖品，小勇匆匆跑到网吧附近的银行，给对方提供的银行账号汇去了600元钱。按照网页上的要求，小勇拨打区号为0898的客服电话确认时，一个操南方口音的男子接电话称需再汇6400元的个人所得税，此时小勇才觉得不对劲儿。

5. 冒充身份诈骗

所谓冒充身份诈骗，是指骗子冒充通信部门工作人员、公安人员、司法人员、邮政人员等实施的诈骗行为。如今公民个人信息泄露严重，这为犯罪分子提供了可乘之机。他们在获得这些个人信息后，通过网络拨号软件，伪装成以上相关部门的工作人员实施诈骗。下面就是犯罪分子假冒电信部门的身份发送短信进行的诈骗的案例。

案例

高中生小A接到一个号码为18565015641的电话，对方自称是某客服人员，谎称小A的付款存在问题，所以需要小A提供自己的银行卡号，给小A退款，同时还告知将发货方式改为货到付款。

由于小A恰好刚刚在某网站买过书，而且对方也准确地说出了他所购买的书的信息，因此，小A对于这个电话并没有产生怀疑。随后，该号码就向小A发送了一个带有退款链接的短信，要求小A在页面上进行退款操作。

小A打开短信中的链接后，见是一个"支付宝支付异常系统"，就在该系统上填写了网银的账号、密码、验证码以及身份证号等信息。随后，小A就收到了银行的扣款短信，其网银账户被扣掉了228元。

6. 网络兼职诈骗

网络兼职诈骗，也称为刷信誉诈骗，大多是以简单的任务、高额的佣金来诱惑受害者应聘兼职，随后用人工欺诈与钓鱼网站相结合等方式实施欺诈。为取得信任，骗子往往都会编造出神秘、灰色的身份，例如"淘宝刷钻平台""联通内部员工"等。有的骗子不仅会制作精致的兼职说明，而且还会"好心"提醒受害者当心上当，甚至会介绍各种防范兼职欺诈的方法，如"需要保证金的都是骗子""一定要在收到返款之后再确认收货"等。但实际在特定的欺诈场景中，这些"好心"的提醒都没有什么意义，只是为了取得受害者的信任而已。

案例

高三学生小李，高考结束后一直想找个兼职，挣点上大学的学费。一天，他在某QQ群中看到有人发布"高薪兼职，日赚300"的信息，遂与对方联系。对方自称是做"淘宝刷钻平台"的，小李只需要去指定的淘宝店铺购买充值卡，对方就会把货款退还给小李，确认好评后，小李将得到一定比例的佣金。购买次数越多，佣金返还比例也越高。小李按照对方要求购买了充值卡后要求对方返款，但对方要求小李将充值卡的卡号和密码截图发送过来以验证小李确实购买了充值卡。小李未加思量便将卡号和密码截图发送给了对方，但对方以小李的操作尚未满足返款条件为由，拒绝返款给小李，并一再要求小李继续刷钻，以满足返款条件。小李感觉自己可能被骗了，想立即使用充值卡以挽回损失，但拨打充值电话后被告知，充值卡已经失效。

在这一案例中，骗子与淘宝卖家实际上没有任何关系，学生小李在淘宝店铺中购买充值卡的过程是完全符合正规的购物流程的，所以淘宝店家没有任何法律责任。只不过，小李为了让对方确认自己购买了商品，将卡号和密码截图发送给了对方。对方立即进行充值，从而完成了欺诈。在这起案例中，小李及时发现问题并中止了交易，所以损失还不是很大。但某些案例中，有些骗子会在受害人一开始只有小额投入的时候真的返利给受害人。受害人一旦相信了对方进行大笔的投入，骗子就会立刻卷款消失。最终被骗几万、十几万的也非罕见。

一般来说，此类案件犯罪嫌疑人在网上发布网上兼职的信息，主要以QQ群、微信群或者网站小广告等手段，通过刷单的高额利润为诱饵；或者先以单额小的为诱饵，再通过需完成一定单数才能支付全部佣金为名进行诈骗。

7. 网络交友诈骗

案例

某日晚上，上海"网虫"高中生小A在网上结识了一名女网友小B。二人越聊越投机，真是相识恨晚。聊了几个晚上后，小B将自己的身世告诉了小A，声称自己的父母离婚了，没人管她，她只能和年迈的外公外婆生活在一起。这几天，外公生病了，自己打算辍学挣钱。小A爱心泛滥，遂主动借给小B钱。几番推辞，小A感动于小B的坚强自立，毅然将自己2000元压岁钱汇去小B的账号。随后，小A有感于小B的遭遇，又汇去1000元。偶然间，小A的爸爸发现了小A此举，疑心他受骗，经过核实后报警。警方调查证实，所谓的小B其实是一个诈骗团伙的成员。这一团伙专门以网络交友的方式，向网友诈骗钱财。

事实上，此类利用网络交友，并实施诈骗的案例并不少见。这种案例的作案方式一般是针对涉世不深同时家境还算不错的中学生进行的。犯罪分子借助于QQ 聊天或微信摇一摇的方式获得好友，通过聊天后了解对方的信息，再以多种手段获取对方好感，接着就以自己或家人生病、钱包丢失等理由骗取对方的同情和信任，从而骗得钱财。下面就是通过微信摇一摇添加好友后骗取对方信任实施诈骗的案例。

案例

2017 年 11 月 15 日，高三学生小 W 通过微信摇一摇功能，添加了一个自称小 A 的微信好友。通过几天的聊天，小 W 逐渐对小 A 产生好感，于是小 A 在微信里称她的邻居打电话跟说她爷爷在老家生病了，她要买车票回贵阳老家。到了贵阳，小 A 称她的钱包被偷了，叫小 W 打了 200 元过去。第二天小 A 又说她爷爷在医院查出，得了肝血管瘤，需要一大笔钱做手术，还差 3000 元，小 W 信以为真就打了钱过去。2017 年 11 月 27 日，小 A 又跟小 W 说爷爷又缺钱交医药费，小 W 又给对方打了 2000 元。一直到 2018 年 1 月 19 日，小 W 被小 A 以各种理由骗取了 10155 元人民币。

第二节　中小学生遭受网络诈骗的原因及危害

　　网络技术的飞速发展，为人类搭建起一个快捷、便利的虚拟世界。在这个世界里，我们可以迅速获取各类资讯，建设起一种新型的人与人之间的关系，享受到它为我们提供的各种便捷服务。不过这一虚拟世界和我们的现实世界一样，也会存在一些阴暗面。网络诈骗的存在就是其中的一面。那么，网络诈骗针对中小学生的原因是什么？对中小学生会造成怎样的危害呢？

一、中小学生遭受网络诈骗的原因

犯罪分子借助于互联网实施的诈骗与日俱增,花样越来越多,而涉世未深的中小学生也成为他们的目标。那么,为什么他们会将中小学生作为诈骗的目标呢?

1. 信息外泄,学生单纯

互联网为人们生活、学习、工作带来了极大方便,但也加速了个人信息的泄露,为诈骗分子提供了可乘之机,尤其是涉世未深的学生更容易受骗。无数的学生网络受骗案例显示,学生受骗的主要原因在于他们思想单纯,涉世未深,缺乏社会经验,防范意识不强,很容易相信他人。

 案例

小学生鹏鹏用爸爸的手机上网,不慎将家庭信息外泄,引起诈骗分子的注意,最终被骗在网上购买所谓的游戏源码(外挂软件),不到三个月被骗13万多元。

农历大年除夕前一天的晚上,鹏鹏晚饭后回自己的卧室睡觉,快10点时,鹏鹏的爸爸隐约听见儿子在哭。夫妻二人赶紧推门进屋,结果发现儿子并没睡觉,而是缩在床上一个劲儿地说:"不要打我,我错了,亏得慌。"两人一番安慰后,鹏鹏讲出了实情。原来,三个月前鹏鹏开始玩网络游戏,后经同学介绍,加入了一个社交群有外挂(就是游戏中透视功能),在群聊中认识了昵称为钱包的群主。这位群主在与鹏鹏交谈几次后,告诉鹏鹏自己能做出带有全部作弊功能的外挂,可以教鹏鹏做外挂,收他做徒弟。于是鹏鹏用爸爸的手机交费之后,"钱包"开始教鹏鹏做软件。后来,鹏鹏想学习更多东西,想用来游戏作弊。"钱包"说有源码,用源码直接可以打开外挂,但是要收费。他就这样慢慢哄骗着鹏鹏用支付宝给他转账。为了不让爸爸发现,鹏鹏每次转账后,都将爸爸手机收到的银行卡支付提醒删掉,并且把支付宝交易记录删掉。结果不到仨月已支付133079.6元。

后经警方调查获知,"钱包"之所以选中鹏鹏做行骗的目标,原因就在于鹏鹏在与其聊天中无意中泄露了自己的家庭信息，让其了解了鹏鹏的家庭经济状况，因此开始有目标地实施诈骗。

2. 贪图小利上当

贪心是许多学生受骗的原因。诈骗分子行骗之所以屡试不爽，很大程度上也正是利用了一些学生的这种不良心态。受害者往往是为诈骗分子开出的"好处"所深深吸引，自以为可以用最小的代价获得最大的利益。当"利"字冲昏头脑时就难免上当受骗，最后"捡了芝麻，丢了西瓜"。

案例

高三学生小A在微博上看到一条兼职信息，要求很简单，只要会上网即可；条件很诱人，时间可以自由安排，一天有200~500元的收益。一心想着利用假期赚取大学生活费的小A，试着加了微博上的QQ号。"客服"很快发了工作流程表和项目申请表过来，小A按要求填写了表格，并给对方发了过去。

这份兼职的工作是在网上商城代刷信誉，就是兼职人员通过"客服"发送的指定链接，按照要求在商城购买商品，付款之后，商城并不会真的把货物发出，而是将货款跟佣金返还给兼职人员。"练手"时，小A在网上商城拍了一只包，支付120元后，很快自己银行卡里就收到了125元钱。轻轻松松，小A赚了5元钱。

到了正式刷单时，小A的任务不是购买商品，而是买游戏点卡。刷完第一单，小A发现货款并没有像"练手"时那样返还到自己账户上，于是赶紧询问"客服"。"客服"解释，要刷完10单才能将本金跟佣金一并返还。但刷到第9单时，小A发现这笔订单的金额突然由600元增加到了1800元，"客服"对此解释称，单子的链接都是系统自动生成的，按要求操作就行。

就这样，小A继续按要求支付了很多单，但迟迟没有收到汇款信息。这时的小A几乎已经"刷红了眼"，没钱就以各种理由借钱，接着按照"客服"的要求多次操作付款。直到当天16时，小A一共被骗13万元，又气又急的他冷静下来才意识到自己被骗了，于是赶紧报警。

3. 学生个性原因

有的学生爱慕虚荣，存在攀高枝的心理，在对方向自己表述一些令人向往和羡慕的话语后，就不自觉地被深深吸引；还有一些学生结交广泛，抱着"多个朋友多条路"的心理，随意答应别人的要求，结果上当受骗。

 **案例**

敬爱的郑警官、谢警官：

感谢你们尽心尽力地帮助我。你们都是好警察。

这是某派出所收到的一封来自一名高三学生的感谢信。之前，他们曾帮助这位网络诈骗的受害者将罪犯捉拿归案。

这名高三学生小美家境优渥，作为独生女，颇受父母和亲友的宠爱，因此仅零花钱和压岁钱就积攒了一笔巨款。假期时她在网上认识一名男性网友小B。对方自称从事炒股工作，是名高富帅。小美被其蒙蔽，以为真的遇到了"白马王子"，就与其确定了男女朋友关系。正当小美沉浸在幸福中时，小B却以炒股、赌博被抓等各种理由，让小美为其多次转账。随着金额的不断增加，小美越想越不对劲，不断向小B催要借款。小B归还了一部分借款，但还有近7万元未归还。情急之下，小美要求与小B面谈，被小B拒绝。无奈之下，小美只好选择了报警。结果证明，小B并非什么高富帅，而是无业男，且已经结婚。

4. 缺乏判断

一些学生缺乏判断力，导致被骗。

 **案例**

2018年2月18日，深圳南山警方接到一名在校大学生的求助报警，称其在2017年12月15日至2018年1月17日期间，通过社会上所谓的借贷公司借款6000元后，被借贷人员以收取逾期高额利息的方式垒高债务，最终其债务被虚高累计12万多元。经调查询问后，警方发现这些借贷人员把诈骗犯罪伪装成民间借贷，实施违法行为，性质恶劣，社会危害极大。因此，南山警方迅速成立了专案组对该案展开侦查工作，初步认定该警情是一起"套路贷"新型诈骗案件。

经过调查发现，该犯罪团伙以酒吧为据点，分工明确，层层设套。团伙成员之间通过互相介绍"客户"收取介绍费、平分利息、合力借贷、勾结催收等团伙运作模式，专门向周边在校大学生放贷行骗牟取暴利。该犯罪团伙一般都是通过在大学校园发放小广告、交友平台宣传及在网络借贷平台 App 推送广告的模式招徕"客户"。前期通过几次短期小额放贷测试"客户"，筛选出符合"高利放贷"条件的"优质客户"；后通过签订虚高借款合同和产生高额逾期费的手段，倒逼借款大学生向放贷人介绍的该团伙成员借贷进行"平账"，即向下家借钱后还清上家的债务，从而逐步垒高债务直至无法偿清贷款。经南山警方初步核查，该犯罪团伙侵害对象涉及省内外高校在校学生达 300 多人。

许多大学生受骗的原因就在做事的盲目性，不去加以判断和选择，因此受骗。实际上，相当多学生在网络游戏中被骗买装备、买点数也是因为缺乏判断造成的。

二、中小学生遭受网络诈骗的危害

如今网络诈骗已经成为某些骗子发财致富的手段，诈骗的手法多种多样，而且诈骗目标瞄向了青少年学生。那么，这种针对青少年学生的网络诈骗会造成怎样的危害呢？

1. 造成信任的缺失

中小学生涉世未深，他们从小就受着父母老师的保护和教育，快乐且单纯地成长着，习惯了诚实守信的做人准则，对社会充满信任，单纯的认为社会上的人都和他一样诚实。然而，他们遭受了网络诈骗，看到了社会的阴暗面，看到了人心的险恶。这时候如果缺乏正确引导，他们就会认为这些阴暗的东西才是社会的本质，从而颠覆其从小建立起来的脆弱的世界观。更有甚者，甚至会厌恶人心，不再相信社会，报复社会，以致沦为骗子的同类。

案例

鹏鹏受骗案中"神通广大"的"钱包"，在网上一直自称是一个男士，而真实的"他"竟然是一个瘦弱的 19 岁女孩儿，且仅上到初二就辍学了。她之所以走上网络诈骗之路，就是因为其好友被骗。

据"钱包"称，以前，她在一个社交群里与一个好友聊天，曾被骗了 10 元钱。于是"钱包"很生气，就聊天骗取了这个好友的密码及密码保护问题答案，然后改了这个账号的密码。在骗取这个账号后，"钱包"发现这个账号是一个2000多人的群，这个群是刷钻和卖广告的。因为自己曾经被骗过，感觉骗钱很容易，于是就将那位好友的账号备注改成了"拜师收徒"；然后，申请了一个网盘，上传了拜师收徒的流程，并写了自己的支付宝账号及其他账号。

"钱包"承认，所谓价值数万元的"神技"，压根儿一文不值。游戏源码，实际上就是游戏外挂软件，可以在游戏中起到作弊的作用。卖给受骗者的"神技"，都是自己在网上随便找的，大部分根本就不能用，有能用的使用十几分钟就会被游戏运营商检测到封号。

2. 引发家庭危机，造成学生的负罪感

相当多的网络诈骗的受害学生家境并不宽裕，他们遭到网络诈骗后，极易引发家庭的经济危机，甚至为此造成亲子冲突。而在此期间，他们会加重负罪感。这种负罪感甚至可能跟随其终身，成为无可抹去的阴影，甚至导致其自杀。

案例

老弟，当你看到这条说说的时候，我应该已经自杀了，自杀的原因就是因为自己太蠢了，相信了短信诈骗，被骗光了老妈给我的一万多元钱。很蠢对吧？我也觉得自己很蠢。可是错误已经造成，无法解决，我害怕被骂，害怕因为这样造成我不能去读大学，真的很害怕。有了希望，然后绝望，这种感觉真的很糟糕。我真的承受不了，只能以结束生命的方式来躲避责骂。我很懦弱对吧！很对不起你们，老妈，老爸，对不起！不能给你们养老送终了，还要让你们白发人送黑发人，徒添伤心。我知道老妈你一直对我希望很大，可是你女儿我最终还是要让你失望。为我的去世伤心一阵就把我忘了吧，就当没生过我这个女儿。老爸，老妈，很抱歉，却没能报答你们，下辈子再报答吧。老弟，你要听老爸老妈的话，他们已老了，日后要靠你养老的。你姐姐我没用，帮不了你，你要好好奋斗，早日实现老爸老妈建房子的心愿，要好好孝顺老爸老妈，不要让他们生气。最后想说的是，不要相信那些说你中奖的短信和电话，我就是一个活生生的例子。不要重蹈你姐姐我的覆辙，要好好照顾自己、好好工作。看完这条说说

就把它删了吧!如果有人问起我,就说我出了意外,不要说我是因为被骗,那样太蠢了!

这是一位受骗后自杀的大学生留给弟弟的遗书。这名女生原本应该在暑假后高高兴兴地去上大学,却由于犯罪分子将其父母打工大半年攒下来给她上大学的生活费骗光,因此选择了自杀。后据警方调查,这位自杀的学生是在接到一条诈骗短信,于是分三次将母亲给她的 9800 元学费和生活费汇给了对方。

第三节 网络诈骗的预防与教育

随着科技的迅速发展,网络已经成为人们离不开的重要部分。中学生经常需要在网络上查资料或者与同学聊天,他们中绝大部分干完正事后会在网上随意浏览或找人闲聊。网络是开放的,网上的骗子无孔不入,而中学生有强烈的好奇心却缺乏自制力,很多时候他们懵懂无知,所以很有可能遭遇到网络诈骗。那么,中学生应如何防止网络诈骗,学校和教师应对学生进行那些有关网络诈骗的预防教育呢?

一、如何预防网络诈骗

那么,面对犯罪分子层出不穷的骗术,我们应该如何加强学生的网络安全意识,从而提升其对网络诈骗的预防呢?

1. 增强意识,注意防范

所谓增强意识,就是时刻将网络安全意识放在心上;注意防范,就是要注意将各种防范方法记在心间。学校和教师要利用多种方式,向学生讲授网络安全意识和防范方法。学校或教师要对学生进行网络安全教育,加强学生的网络安全意识,从而避免受骗。学校或教师首先要对学生上网问题有一个清醒的认识,进而采取有效措施，引导学生正确地理解网络、充分而正确地利用网络、科学预防网络诈骗。下面这些防范意识和方法，一定要让学生牢记在心。

（1）严守个人信息，不要外露。

相当多的中小学生的安全意识弱、缺乏警惕性，因此在网络上与人交流时，经常无意中被套去个人信息，从而导致被骗的发生。因此平时要注意妥善保管好个人信息，如本人证件号码、账号、密码等，不向他人透露，并尽量避免在网吧等公共场所使用网上电子商务服务。

案例

某中学生小W在网络上注册某网站时，将个人资料在互联网上公开，并将手机、家庭电话同时公布。几天后她接到一个自称是上海一家公司的电话，称为了核实其身份和家庭情况，要求她告知其家庭电话号码。毫无戒备心理的小W就将家庭电话告诉了对方。之后不久小W又接到一电话，对方自称是刑警大队侦查人员，正在追捕一名杀人在逃犯，因该逃犯已将手机号呼叫转移到小W的手机上，要求小W配合，将手机关机两个小时以上。与此同时，小W远在安庆家中的父亲接到了一个自称是某市某医院急救中心主任的电话，称小W因交通事故在医院抢救，需汇款30000元到院方指定的账户，否则将影响抢救。小W的父亲在与校方、女儿多方联系未果的情况下，救女心切，当日先后分三次共汇款22000元到指定账号。几个小时后，小W的父亲通过电话联系上女儿，才得知这一切竟是个骗局。

（2）不轻信，多核实。

第一，当我们接到QQ或微信好友提出借钱或汇款请求时，不要轻易相信，可直接告知家长或不理睬，或采取以下措施核实后再作决定：首先要打电话联系好友本人，确认是否其本人提出的要求，并与对方核实银行账号户名；在QQ好友本人无法联系的情况下，千万不要急于给对方汇款，可以仔细询问对方的年龄、电话、亲属情况和就医就学地址等私人信息。此外，对于QQ信息中的可疑网络链接，不要轻易打开。

第二，不要轻信网上相关信息，一定要事先多核实。如果是在网上进行交易，要通过百度等搜索引擎核查企业的情况、同类商品交易的情况，做到事前防范，而不是事后着急；清醒看待，勿轻信认证标识。第三方机构认证的网站，均有认证标识，且该标识会链接到第三方机构网站上专门制作的认证页面，仅有一个标识不能说明其合法性。同时，还可以查阅网站的工商信息。各地的工商部门基本都已将企业注册信息上网，可以进行查询、核对。查不到注册信息的，请不要与之交易。

第三，接到中奖信息或电话，要先确认联络方式，如果犯罪分子只留了手机号码，或者只是400号段的号码，则要特别小心。手机可以查一下其归属地，判断是否与其说的一致；查网站IP地址。骗子更多会在境外设置网站，且使用假的身份证办理银行卡或者第三方支付账户，以逃避监管。

第四，不要进行游戏装备或游戏币的交易，不与网上结识、现实中无过多交往、身份不能确认的人发生大额的借贷关系。

（3）擦亮双眼，不贪便宜。

千万不要过分追求便宜，比市场价格低一半的商品，不是假货就是骗人的幌子。网上购物，坚持货到付款，先验货后付款。不要以网站制作的精美程度或者根据是否提供了银行卡号来确定其真伪，更不要盲目提前付款。

2. 发挥家长的监督、引导作用

学校或教师要与家长加强沟通，提醒家长注意加强孩子的网络安全意识，积极参与孩子上网。相比青少年，作为成年人的家长对于网络诈骗的辨别力会更强，也更清楚如何趋利避害，正确处理。因此，教师要提醒家长，要冷静、客观地分析孩子对于网络的需求，科学地控制孩子上网时间和费用，尤其是当孩子提出过高的金钱要求或其他违反常理的要求时，要本着关心、理解、沟通的原则，对孩子实施科学的引导，让孩子主动、自觉地告知目的，从而有针对性地对孩子进行教育、引导，以防受骗。

3. 利用学科教学的优势传授相应的网络知识

随着社会科技的发展，人们的生活越来越离不开网络，但网络上的信息良莠不齐，大部分学生并不真正会利用网络，他们常常会花大量时间在"聊天室"随心所欲地聊天、交友，或是在"游戏天地"里尝试"虚拟人生"，甚至与骗子为伍，受骗上当。因此，教师可以利用学科教学的优势条件，科学设计，用学科教学吸引学生。

教师可以利用信息技术课的优势，向学生传授相应的网络知识，如网站的创设、编程，以及有关黑客和网络安全，让学生了解网络诈骗的实施手段，从而提高防范意识。在教学中，倘若发现有些学生对网络操作的某方面特别擅长，就可以让学生发挥这方面的特长，如让擅长软件开发的学生利用电脑进行软件开发，然后由其向同学们讲解网络运行的方式，以及黑客的操作方式，从而让学生将兴趣与现实生活结合起来，进而更加关注自己身边的事情，认识到网络背后的黑洞，从而提高安全意识。

教师可以利用道德与法治课，向学生讲授相关的网络诈骗案例，让学生清楚骗子的手段，从而提高警惕。教师可以利用主题班会或安全教育课的机会，引导学生分析网络诈骗的案例，用事实说话。通过身边的实际案例，让学生懂得缺乏网络安全意识，就难以识别网络中形形色色的骗局，容易造成惨剧的发生。

案例

一、谈话导入

不知道咱们同学最近上网都干什么了？你们又看了哪些新的小说，玩了哪些新的游戏？谁愿意起来跟我们大家交流交流？（学生交流）网络能带给我们这么多快乐，也带给我们许多方便。谁能说说网络都给了我们哪些帮助？让我们夸夸这个百事通——网络。（学生交流）通过我们同学刚才对网络的夸奖来看，"网络"真是个活雷锋。可是，我们周围有些人特别仇恨网络，特别是有些中小学生因为网络而误入歧途，下面让我们一起看看下面的资料。

二、让学生观看与网络有关的资料，小组讨论：网络的危害

三、全班交流后，教师总结：

有害学生的文化学习；有害学生的身心发育；有害学生的思想品德。

四、网上防范的方法：

1. 不要把你的真实姓名、住址、电话号码、照片等个人信息资料提供给闲聊屋或公告栏等。

2. 当有人以赠送钱物为由要求你去约会或提出登门拜访时，应当高度警惕，婉言拒绝。

3. 千万不要在父母或监护人不知道的情况下与网友约会。即使父母或监护人同意你去约会，约会地点也一定要选在公共场合，且最好要有家长或监护人陪同。

4. 不要轻信网友的信息资料，因为一些别有用心者往往用假信息资料巧妙地把自己伪装起来。

5. 在通过电子邮件提供个人真实资料之前，最好要确保对方是你和父母都认识并且信任的人。

6. 网友以局限在网上交流为宜，贸然"走出网"，就有可能给学习、生活、安全和温馨的家园带来麻烦。

五、展示成果，资源共享：

把学生收集的与电脑有关的资料，放在展览角供同学参观学习。（评出最受同学欢迎的资料、最佳个人和最佳小组）

六、教师小结。

4. 不断学习，强化意识

青少年由于思想单纯、缺乏社会经验，对人极少有防备心理，因此最可能成为犯罪分子的目标。具有同情心和乐于助人的思想固然可贵，但也一定要心存防范意识，尤其在网络上与陌生人来往，更要提高警惕，谨防上当受骗。

案例

某天，高中生小刘在上网时，发现在国外留学的好友正好也在网上，于是主动与好友聊了起来。聊了一会儿，"好友"把视频打开了，小刘一看就是好友的影像，不过视频马上就关上了。"好友"接着说，自己的哥哥在生意上有点麻烦急需用钱，让小刘先给他哥哥汇款 3000 元。小刘想也没想，就赶紧去银行办理了汇款业务。汇完款，小刘给好友打了个电话，才发现自己被骗了。

教师要注意引导学生树立网络安全意识。

首先，教师要组织学生学习《全国青少年网络文明公约》，利用信息技术课等条件，使学生树立信息安全意识，学会病毒防范、信息保护的基本方法；同时了解网络诈骗的危害性，逐步养成安全的信息活动习惯。在使用网络过程中，认识网络使用规范和有关伦理道德的基本内涵；能够识别并抵制不良信息；树立网络交流中的安全意识；增强自觉遵守与信息活动相关的法律法规的意识，负责任地参与信息实践；了解信息技术可能带来的不利于身心健康的因素，养成健康使用信息技术的习惯。

其次，教师要教会学生在遇到网络诈骗时注意保护自己，一旦受骗，要懂得如何应对。比如针对网络购物被骗，要采用如下步骤保护自己：第一，要保存好相关截图记录，在第一时间报警，从而方便公安机关及时把骗子的账户冻结，帮助追回损失钱财。第二，要清楚像淘宝刷单这种虚假交易行为目前法律上没有明确的规定，但很明显这是一种违规行为，不要为了蝇头小利去参与这种违规行为。

最后，网上购物时一定要走合法程序，不要脱离淘宝的担保交易流程进行交易，以免被骗。

二、预防网络诈骗犯罪的教育引导

案例

2016年高考，山东临沂女孩小玉以568分的成绩被××大学录取。19日下午4点30分左右，她接到了一通陌生电话，对方声称有一笔2600元助学金要发放给她。在这通陌生电话之前，小玉曾接到过教育部门发放助学金的通知。因此，小玉丝毫没有怀疑地就按照对方要求，将准备交学费的9900元打入了骗子提供的账号。随后，小玉就意识到自己受骗了，当晚就和家人去派出所报了案。然而在回家的路上，小玉突然晕厥，不省人事，虽经医院全力抢救，但仍没能挽回她18岁的生命。

小玉的早逝，是网络诈骗分子给无数家庭、个人造成痛苦的缩影。然而，当我们痛斥犯罪分子，为无数个"小玉"感到难过的时候，我们却发现，个别学生不但毫无网络安全意识，而且没有法律意识，走上了网络诈骗之路。因此，我们急需培养学生的法律意识，自觉遵守法律法规，学会用法律保护自己的同时也学会约束自己。

1. 明确规则,提高道德素养

网络世界作为虚拟世界,其道德标准具有不同于现实社会的特点和发展趋势,现实社会中的道德准则有时已无法对一些网络行为形成制约。青少年正处于世界观、人生观和价值观形成的阶段,更易受诱惑而误入歧途。调查中发现,网络诈骗案中的青少年犯罪比例相当惊人。这就提醒学校和教师要借助于多种教育手段,引导学生树立正确的网络道德观,培养法律意识,切勿以身试法。

案例

一天,某地公安机关接到一家通信公司的报警电话,称一客户的手机账号充值运作方式出现异常现象,该客户经常多次大金额转入话费资金后又以现金方式提现。公安机关接到报警后立即展开调查。经调查获知,该手机用户多次使用同一银行账户转账消费,已经通过各种消费途径消费金额8万多元。于是公安机关马上与该银行账户持有者联系,并确定了该账户资金已被他人盗窃。公安机关随即立案侦查,最后在公安网监部门的协助下将犯罪嫌疑人抓获。而这名犯罪嫌疑人竟然是一名年仅17岁的高中生。

2. 以身示范,做好引领

教师要主动学习网络知识,了解网络,提高自身的网络知识水平和安全意识,提高自己的道德修养,做学生的表率。教师掌握了网络工具,就可以与学生共享统一的网络平台进行交流,并有针对性地对学生上网给予指导。在了解网络的同时,教师还必须率先垂范,做好学生网络道德教育的模范。所谓"先莫先于修德",塑造灵魂的工程师必须首先具备高尚的网络道德,从而对学生产生潜移默化的影响。规范教师的上网行为,才能保证教师对学生上网的正面导向作用。

3. 改变教学手段,开展公德教育

教师可以利用学科教学的机会,注意对学生进行网络公德教育,并注意方式与方法,注重效果。由于目前世界上还没有完备的法律和管理体系来规范、引导因特网的发展和使用,学生作为全球"网民"中不能忽视的一个巨大群体,而

且这个群体思想特别活跃又富于创新,所以一定要培养其网络道德观,发挥德育教育的作用。教师可以结合道德与法治、思想政治课的教学,用一些现实的案例进行分析,让学生了解网络不是法外之地,不能在网上为所欲为。比如进入别人的网站搞恶作剧,或者对计算机信息系统功能进行删除、修改、增加、干扰,在网上散布不健康的言论等。总之要远离一切有损信息安全的行为。

4. 引导学生,明确网络规范

教师要指导学生学习学校制定的网络规范,帮助学生提高网络法制观念和网络伦理道德观念,使其网络行为符合法律法规和社会公德的要求。同时,教师要善于整合社会、家庭、学校等各方力量,对学生的上网行为加强监督,帮助学生尽早建立并适应网络道德规范、减少网络负面影响。这不仅是保证青少年健康成长的需要,还是培养教育适应现代信息社会发展人才的需要。

教师要注意引导学生学会分析信息,去伪存真。教师可以在课堂上进行网络文明公约教育,引导学生善用网络资源,使学生不仅学会搜索信息资源,还能够运用正确的观点去分析信息、辨别是非、去伪存真,更好地发挥网络信息的积极作用。当然,在教育过程中,教师要采取多种形式和方法,把枯燥的大道理宣教转化为生动有趣的课堂活动或实践体验,使学生看得见、摸得着,心悦诚服,从而增强课堂教育的针对性和实效性。

5. 创造教育环境,思想引导

兴趣是最好的老师。反之,兴趣也可能会变成最坏的老师,将无知的学生引向堕落。在网络中,一些犯罪分子的诈骗行为会潜移默化地影响青少年学生的道德观和价值观。要避免这种现象的发生,教师就要创造机会,让学生之间多交流合作,多感受伙伴间的友谊和真情,从而形成一种和谐亲密的人际环境,让学生真正体会到现实生活中人际关系的美好。教师还可以向学生推荐适合中学生心理特点的网站,在学科教学中设计一些学生喜欢的网页,给学生多一些属于他们自己的网络乐园。在完成日常的教育教学外,还要创造各种条件使学生好奇的天性得以释放,引导他们积极参加各种与网络信息相关的活动,使他们有一个展示自我、挑战自我的舞台,将他们的兴趣引导到正确的道路上来。

此外，教师还可以经常组织有关网络、时事、科学类的知识竞赛，通过班会交流上网心得；举办"网络信息安全"的专题讲座、网上论坛话题等有益的活动，以此激发学生的学习兴趣，同时还可以提高学生的信息道德素养。

6. 深入学习，知法、懂法和守法

青少年学生，由于自身法制意识淡薄、自我保护能力不强、自制力差，很容易在不良信息的影响下走上犯罪的道路，结果不但影响到社会的稳定，更是害了自己和家庭。

案例

渑池警方顺藤摸瓜，赶赴陕西宁乡抓获了犯罪嫌疑人蒋某。但令公安民警扼腕痛惜的是：嫌疑人蒋某竟然是一名在校高中生，被抓时还在教室里上课。

2017年8月20日，渑池县公安局接到城关居民A先生报警，称其被人诈骗3.96万元。经了解，A先生18日在某二手网站看到有则"刷单返佣金"的信息有些心动，遂与对方联系。对方称刷一单120元可返佣金5元，A先生试了试，通过支付宝给对方打了120元，随即对方又将120元退还并返佣金5元。接着对方让其刷10单1200元，即可返佣金50元。A先生不假思索地打了1200元，却不见对方返佣金。经联系，对方让其刷20单2400元，才给他返上次的50元佣金。A先生又刷了20单，仍不见对方返钱。对方称公司规定刷30单才返钱。A先生连续多次打了共3.96万元，结果联系不上对方时才感觉上当受骗了。

民警通过资金流向、账户信息等线索摸排调查，经过10余天的努力，发现了嫌疑人在陕西宁乡市的线索。9月14日，刑警赶赴宁乡开展工作。15日上午，民警在一所高中抓获了正在上课的犯罪嫌疑人蒋某。

经查，蒋某暑假放假在家没事，通过网络接触到刷单骗术，觉得很好玩，就试着操作。在8月14日至29日短短半个月的时间里，先后诈骗54.8万元。令人痛心的是，蒋某只是意识到"这行为不对"，但没想到自己已经触犯了刑法，属于犯罪行为。

面对学生受到网络、信息侵害的现实，需要从根本上进行安全教育，纠正其错误观念，促其提升辨别是非的能力，进而做出正确的选择。而这其中，教师要引导学生学习相关的法律知识，做到知法、懂法和守法。具体来说，可以采用如下方式对学生进行教育：

（1）与学科教育相结合。

教师可以利用学科教学的机会，对学生进行法律意识的教育。比如利用道德与法治课或思想政治课的机会，向学生宣讲相关的法律条文；针对文明上网、网络犯罪、人肉搜索、网络谣言、网络水军泛滥等问题，组织学生开展讨论，自由发表自己的观点和看法，及时了解学生的思想状况，加强与学生的沟通与交流，从而提升其法律意识。

（2）与班级活动相结合。

与班级活动相结合，开展主题明确的班级活动，如辩论、演讲等多种形式的活动，让学生在活动中了解与网络相关的法律知识，从而做到知法、懂法和守法。

（3）在晨训时加以强调。

学校大多具有晨训的惯例，不妨利用晨训的时间向学生宣传网络诈骗的预防，将网络诈骗的惯用手法以及预防方法介绍给学生，以提升学生的警惕性。

案例

某中学利用学生晨训时间，以"预防电信诈骗"为主题，为初中师生上了一堂生动的安全教育课。政教处主任结合现实中遇到的真实案例"以案说法"，介绍了电信诈骗犯罪的形式和特点，列举了信用卡诈骗、显号软件诈骗、虚假中奖诈骗、网络交友诈骗等常见的电信诈骗形式，并针对这些诈骗形式详细讲解了防范措施，提醒同学们注意识别电信诈骗，如发现可疑线索要及时拨打110报警，避免遭受经济损失。他还要求同学们将信息传递到家庭的每一位成员，"以小手牵大手"，进一步加深家长对相关防范知识的了解，共同构筑防范电信诈骗的第一道防线。

（4）以专题演讲的方式对学生进行教育。

专题演讲是一种常用的宣传教育方式，学校或班级里均可以采用。一方面学生在准备演讲的过程中收集资料，加深了认识；另一方面学生在演讲的过程中，不但演讲人本人的认识得以提升，听者也会受到教育和感染，因此效果极好。专题演讲可以利用主题演讲活动的方式，也可以利用每周国旗下的讲话的机会进行。

案例

老师、同学们，早上好！

今天我的国旗下讲话的题目是"谨防电信网络诈骗"。

电信网络诈骗是犯罪分子利用人们趋利避害的心理，通过编造虚假信息，借助于手机、固定电话、网络等通信工具和信息平台，给不特定人群造成恐慌，诱使不明真相的群众通过银行进行转账，实施的一种非接触式的诈骗行为。

下面向大家介绍几种与同学们有关的诈骗形式，希望同学们用自己的火眼金睛识破不法分子的诈骗行为。

1. 利用QQ等网络聊天工具实施诈骗。犯罪嫌疑人通过盗号和强制视频软件盗取QQ号码及密码，随后登录盗取的QQ号码与其亲友聊天，再以急需用钱为名借钱诈骗。

2. 利用网络游戏装备及游戏币交易实施诈骗。犯罪分子利用某款网络游戏进行游戏币及装备买卖，在骗取玩家信任后，让玩家通过线下银行汇款，或者交易后再进行盗号的方式诈骗。

3. 网上中奖诈骗。犯罪分子利用传播软件随机向互联网QQ用户、邮箱用户、网络游戏用户、淘宝用户等发布中奖提示信息。

4. 利用网上银行实施诈骗。犯罪分子制作与一些银行官网相似的"钓鱼"网页，盗取网银信息后将现金取走。防骗对策是：在登录银行网页时务必检查是否该银行的官网，同时要管好自己的网银证书，避免在公用计算机上进行网上交易。

5. 网购诈骗。防骗对策是：网购时一定要选择有信誉度的购物网站，不要贪图便宜，不要轻信商家提供的图片和商品评论；尽量使用支付宝、U盾等安全支付工具，拒绝与店主私下交易。

除此以外，还有其他的诈骗形式，如冒充公检法工作人员实施电信诈骗，冒充亲友以车祸、吸毒被抓实施电信诈骗，绑架恐吓实施电信诈骗，群发银行卡透支、消费短信实施诈骗等。

不法分子的诈骗手段可谓五花八门，层出不穷。只要我们牢记"一二三"，就一定能识破不法分子的骗局。即一个原则：接到陌生电话、短信不紧张，保持警惕；二条途径：向110报警咨询，或询问家庭成员、亲朋好友，认真甄别；三个坚决：坚决不轻信陌生人话语，坚决不泄露自己账户密码，坚决不向陌生人账户汇款。同时，希望大家能把今天学到的防骗知识带给家长、长辈们，让我们一起构筑一道防骗墙！

谢谢大家！

（5）借主题班会的形式对学生进行宣传教育。

借用主题班会的形式进行宣传教育的效果极为明显，极具针对性。因此，针对网络诈骗的预防，也可以以主题班会的形式进行。

案例

班会伊始，老师以明星、教授等名人被骗案例为切入点，同时利用《关注网络安全》的视频告诉学生，网络诈骗其实离中学生并不遥远。紧接着，学生们一一讲述自己或身边发生的诈骗案例。

针对学生们讲述的案例，老师归纳了8种诈骗手段：电话、短信诈骗；冒充"权威"人士身份诈骗；恋爱诈骗；招聘岗位诈骗；借口帮助落实工作岗位诈骗；推销伪劣产品及消费卡诈骗；募捐诈骗；网络诈骗。

老师还结合自己在上海火车站遭遇的诈骗，告诉学生们诈骗随时都存在，即使是一个极度理性的人也可能被骗。

最后，老师向学生们介绍了5大类网络诈骗案例：冒充亲朋好友实施诈骗；冒充合法网站实施诈骗；以低价为诱惑实施诈骗；网络游戏交易中实施诈骗；使用木马等技术实施诈骗。

在介绍案例的同时，老师还告知学生防诈骗的方法：比如网络域名的区别、电脑自身杀毒软件的监控、利用第三方平台进行安全交易等。

上述案例就是一位班主任利用主题班会的形式向学生讲解网络诈骗的相关知识。通过这样的一节班会课，学生们不仅提高了对网络诈骗的高度警觉，而且进一步了解了防网络诈骗的常用手段，防患于未然。

（6）针对学生的个性特点，进行提升教育。

下面案例中的两名高中生之所以沦落为网络诈骗罪犯，其根本原因就在于他们好吃懒做、贪图享乐。

案例

曹某和王某是初中同班同学，两人平时经常在一起玩。曹某家里比较穷，王某家庭条件也不是很好。因此时间一长，两人就经常慨叹钱的重要。没想到，2017年5月初，一向手头不宽裕的王某经常请曹某出去吃喝，出手还相当大方。曹某问王某钱从何处而来，王某坦言是通过骗淘宝店主得来的。于是曹某与王某商量一起骗钱，王某当时就同意了。

王某教曹某先在淘宝网上注册了一个买家账号，再注册一个支付宝账号，用淘宝账号随便找个商家买东西，用支付宝付款给商家，然后在支付宝上发一个"向对方收款"的链接，备注"转账成功"，意图让商家误认为收到钱了，其实这是他们向商家收款的链接，只不过备注了"转账成功"4个字。有的商家会点击链接，输入密码后钱就会转到曹某账上；有的商家没点链接，但误以为已经收到了钱，曹某就会以商品不好或者发货时间慢等理由提出不想买了，要求卖家退钱，卖家也会同意退钱。如果被商家识破骗局，则换别的店试试。

由于支付宝有规定，每天最多只能提请10笔向对方收款的申请，于是曹某每天都用2个淘宝、2个支付宝骗20笔。直到6月4日，他的支付宝被冻结了才不再继续行骗。这期间，两人陆陆续续骗了1万余元，骗来的钱吃喝玩乐花个精光。

后来，一些被骗的淘宝店主向警方报了警。经侦查，警方逐渐掌握了犯罪嫌疑人的动向，将目标锁定在王某和曹某身上。当民警准备抓捕二人时，才发现他们是正要参加高考的学生，并且还是国家二级运动员。为不影响他们考试，民警决定在高考结束的当晚传唤。高考结束当晚，在家人的劝说下，王某和曹某到公安局自首，并对犯罪事实供认不讳。

面对班级中学生个性千差万别的事实，教师要注意针对不同学生的个性特点对症下药，积极辅导。一些学生由于自身性格、素质能力或外在因素而无法在现实中得到某种满足时，往往会在网络这一虚拟世界寻求心灵的慰藉或物质的满足,进而走上犯罪的道路。这就需要教师对他们有的放矢地进行心理辅导。教师可以与学校的心理老师共同对学生进行心理辅导,也可以利用QQ与学生进行个别交流,发挥引导作用。在绝对安全和自由平等的交谈氛围下,学生往往会放下思想包袱、敞开心扉、大胆袒露自己的困惑与无助,教师就可以从中发现他们的心理症结,并对症下药,开出良方。

第六章

网络暴力、色情、赌博的预防与教育

随着计算机技术和网络技术的高速发展,社会得以飞速进步,人们的生活获得了很大的便利。然而,网络也给社会带来了极大的危害。其中,网络暴力、色情和赌博等对青少年的负面影响极其严重。

第一节 认识网络暴力、色情和赌博

有关调查数据显示：网络在带动中国网游业的高速发展、创造了巨大的经济效益的同时，也增加了未成年人犯罪。未成年人犯罪中，与网络游戏直接相关的犯罪占总数的60%，其中网络暴力、色情游戏、淫秽色情网站及网络赌博的影响是青少年犯罪的主要诱因。那么，何为网络暴力、色情、网络赌博呢？

一、网络暴力的表现形式及危害

何为网络暴力？网络暴力是一种暴力形式，它是一类在网上发表具有伤害性、侮辱性和煽动性的言论、图片、视频的行为现象，人们习惯称之为"网络暴力"。

1. 网络暴力的表现形式

网络暴力已经突破了道德底线，会对当事人造成名誉损害，往往也伴随着侵权行为和违法犯罪行为，亟待运用道德约束、法律等手段进行规范。诚如一位网友所说："怪兽怕蜘蛛侠，邪恶怕钢铁侠，我最怕的是'键盘侠'。"这里的"键盘侠"即网络暴力。那么，如此可怕的网络暴力具有怎样的表现形式呢？

案例

2016年9月16日，一条"明星×××意外去世"的消息引起广泛关注。9月17日，×××经纪公司发表声明，证实其是因为抑郁症而自杀，并直指是不实报道让他患上了抑郁症，网络谣言、网络暴力是伤害他的"推手"。

网络暴力不亚于真刀真枪的伤害，它伤人于无形，摧毁的是人的意志和尊严。具体来说，它具有如下表现形式：

（1）以文字语言为形式。

现实生活中，人在生气、烦闷、情绪不定时，想要通过语言暴力来宣泄情绪是很常见的事。但现实社会中人与人的交往会受到道德伦理的约束，或多或少地抑制了这种宣泄的产生。而网络社会是虚拟的社会，相比现实社会，人所受到的约束极小，因此极易发生语言暴力。这种语言暴力，是通过文字的方式发生的。

案例

14岁的女孩××自杀了。而将她逼上绝路的，是一把叫作网络暴力的杀人刀。

××长得非常可爱，眼睛里就像有星星一样，因此备受人们喜爱。于是她成为澳大利亚一个小有名气的童星，从6岁就开始接拍广告。然而不知从何时开始，这个笑容灿烂的孩子突然在网上收到很多陌生人的谩骂。这些攻击毫无根据，但一字一句都对这个尚未成年的女孩充满了恶意。更过分的是，这些网友一天24小时不间断地攻击××。这种铺天盖地的咒骂整整持续了8年之久。甚至当××已经不在荧幕上露面了、她代言的广告也不再播出了，那些不堪入目的攻击依然没有停止。为此，××曾哭着发出"凭什么""我做错了什么""这些人为什么要骂我"的质问，然而没人知道为什么，也没有人知道那些躲在键盘背后的人是谁。

无奈之下，××选择了沉默，逃离网络世界。可是"人肉"这种现代社会最残忍的方式，将××与其家人朋友的尊严加以凌迟。最终，当××获知因为自己，家人和朋友也陷于几近崩溃的境地时，她选择了离开，于开学前几个星期自杀。自杀前，她对父母说："我想逃离这个世界的恶意。"她留给世人的是一幅素描，上面有一个瘦小的姑娘和一行字：Speak even if your voice shakes.（即使声音颤抖，也要勇敢发声。）

这一事件就是网络暴力的典型案例。当语言成为武器，一样可以杀人于无形。这种形式的暴力借助于如今人流量巨大的网站而得以随处可见。那些粗俗、恶毒的攻击性语言让网络暴力得以扩散，增加了它的危害。

（2）以图片信息为形式。

这是一种通过图片的形式实施的网络暴力。这种形式的网络暴力通过技术恶搞、损毁他人照片，对当事人进行侮辱、诽谤、攻击等。在网络暴力事件中，图片信息暴力也很多。发生比较早的是韩国 2006 年的一件事，当事人是一名 22 岁的韩国女学生。当时，这位女大学生的照片出现在一家图片共享网站上，脸部被涂改得面目全非。她的朋友在看到那张照片后，接二连三地给她打电话确认情况，给这位女大学生的生活造成极大困扰。

网络的发达增加了这种新的网络暴力形式，而图片修改技术的简单化更让这种暴力层出不穷。

（3）非理性人肉搜索。

广义的人肉搜索，是指利用现代信息技术，变传统的网络信息搜索（机器搜索）为人找人、人问人的网络社区活动。以提问者提出问题，其他网民以自己的专业背景、亲身经历、道听途说甚至冷嘲热讽来回答问题。狭义的人肉搜索是专门针对"人"的搜索。一旦成为"人肉搜索"的目标，搜索对象的姓名、电话、家庭住址等隐私信息都可能曝光于众目睽睽之下。这是一种新型的网络人际传播方式，具有极其可怕的威力。然而，如此威力巨大的工具，一旦失去了理性就成为非理性人肉搜索，最易侵犯受害者的隐私权。而参与者往往认为这是一件刺激而有趣的事，在这个过程中更多的是满足于自身"FBI"能力的窃窃自喜。

案例

电影《搜索》讲的就是一个关于网络暴力的故事。影片中，女主角都市白领叶蓝秋，因为在医院被检查出癌症晚期而受到打击，没有给身边的老大爷让座。这件事被人拍下视频上传到网络，最终引起群体的口诛笔伐，在网络上通过文字言语、图像的方式进行攻击，最终人肉搜索和网络暴力将女主角推向死亡。因她没让座所引发的网络暴力也彻底改写了牵连其中的数人的命运：上市集团老总、城中富豪沈流舒因此陷入不安的旋涡；阔太太莫小渝因此勇敢地从被人羡慕嫉妒恨的婚姻家庭中落荒而逃；媒体新人杨佳琪因此看透职场冷漠并借机成功上位；资深电视人陈若兮因此红极一时却又急转直下职场情场两失意；失业且负债累累的杨守诚因此获得一笔意外之财，却也因此经历了一场灵魂的"意外旅行"。

在很多情况下，网民出于同情弱者的心理，让自己自动处于自认为正义的一方，以道德的力量审判他人。为此，他们采用非理性的人肉搜索的方式引发网络暴力，进而伤害当事人。这是一种相当不可取甚至可以称之为犯罪的行为，因为在非理性的人肉搜索的过程中，不明真相的网民充当了刽子手，不曾加以判断辨清事实真相，在不具备权利的情况下，用道德的力量去审判他人，进而给他人造成巨大的伤害，甚至引发恶性事件的发生。

2. 网络暴力对中小学生的危害

近年来，中小学生接触网络的人越来越多，网络暴力对他们的负面影响也越来越大，频频出现的网络暴力事件更是将中小学生的教育推到了风口浪尖。一份调查表明，网络暴力正不断侵蚀着中小学生的心灵。中小学生对网络暴力的了解尚不明确，更不确知它的危害性；中小学生普遍会讲一些带有侮辱性的网络暴力词汇，这反映出他们易怒、浮躁的性格特点。具体来说，网络暴力对中小学生的危害表现在：

（1）影响学生正确的世界观、人生观和价值观的形成。

中小学生是一个身处校园的特殊群体，其心智尚处于发展阶段，敏感、脆弱、易接受新鲜事物是他们的特点，这意味着他们更容易受到外界的影响。

案例

2015年5月初，一段视频在网上疯传：在某市立交桥处，一名男司机将一女司机逼停后当街殴打，35秒内4次踢中女司机脸部，整个过程触目惊心。事件曝光后，被打女司机受到网民广泛同情。然而，随着男司机张某行车记录视频的曝光，不少网友转而谴责女司机卢某的路霸行为。这种情绪很快在网络上蔓延，有网民开始在网上对卢某进行人肉搜索，先后翻出了她的驾驶违章记录、身份信息，甚至开房记录等，事件进一步扩大化。

而据互联网调查显示，谴责女司机的网民中16.8%为中学生。对人肉搜索女司机的行为，近五成的网民表示赞成，认为"就是要教训教训她"。尽管此后该事件法院已有定论，但那些赞同男司机殴打女司机、对女司机进行人肉搜索和谩骂的网民的数量竟然多得可怕。这种行为无疑透露出一些错误的理念，即不包容、不宽容，只要做错事就不可原谅，就一定要受到致命的打击。而这种错误的理念将直接影响到中学生的人生观、道德观和价值观。

(2) 影响学生个人心理与性格的塑造。

所谓性格，就是人对现实的稳定的态度和习惯了的行为方式中表现出来的心理特征。它在人的个性中起核心作用，是一个人精神面貌的主要标志。而性格几乎与人的心理活动的各个方面都有关系，即人的心理活动的各个方面都参加到性格中来。因此，对一个人的个性的培养基本上在于良好性格的塑造。而网络暴力引导着青少年以简单、粗暴甚至低俗的方式解决问题，进而影响青少年健全心理的形成和性格的塑造。

案例

2015年高考语文全国卷作文题目提供的素材为：一司机在高速公路上边开车边打电话，亲人劝阻但司机不听，司机女儿向警方举报，警方依照相关规定对司机进行处罚。请考生依据该素材给司机、警方或者女儿写一封信。未曾想到，该事情让众多高三学生"气急败坏"，居然把作文题目"写给父亲的一封信"的原型人物人肉搜索出来，并在她的微博上留了4万余条评论谩骂。其后，记者从高速交警方面证实，网民骂错了人。

在这一案例中，91.6%的参与者为中学生。该案例反映出中学生易怒、偏激、武断、急躁等性格特点。由此可见，网络暴力引发的事件，必将影响学生的性格塑造。

(3) 对中学生道德法制观念产生影响。

诚如上文所说，正确的价值观是社会秩序正常运行、和谐社会得以构建的保障。在日常生活中，一个人的行为通常会受其道德法制观念的制约。一个缺少正确的道德法制观念的人，必定无法做出合乎社会规则的行为。而网络暴力冲击着人自身的防卫系统，冲击着原本符合社会伦理、符合道德意识的价值观，使之扭曲，因此必然会对青少年的道德法制观念的形成造成不良影响。

案例

"永新一群女初中生殴打一女生"的视频在网络上播出后，视频中那位学生会干部和参与殴打的2位女生均成为网络上热议的对象，甚至持续升级。很快，事件中主要人员的详细资料被人肉搜索出来，随后其本人和家人、亲友的日常生活受到严重影响，均遭到不同程度的报复行为。

这一案例说明，人们一旦被愤怒冲昏了头脑，就会置法律于不顾，采取各种形式的网络暴力行为，而这就无形中给正在成长中的青少年学生灌输了一种"出了事情不通过法律途径而是通过网络暴力解决"的错误观念，进而导致中学生步入道德法制误区。

（4）对学生的成长造成伤害，甚至影响终身。

网络暴力的实施，不管何人，不分性别，而这就导致了正在成长中的青少年会因为一时失误而遭到伤害。对于成长中的青少年学生，这样的伤害极其严重，甚至因此影响其终生。

案例

14岁女孩潘某在微博上发表了一条微博，内容是：某明星的一场演唱会够某球星踢一辈子足球。于是她就招致了网民的谩骂和人肉。一些网民不仅在网上展开口水战，还不断地给潘某及其家人、学校打电话进行咒骂，甚至还有网民到她家门口围堵谩骂。最终，潘某的母亲因此心脏病发作，潘某的父亲在盛怒之下将潘某赶出家门，而学校也因为此事的影响而勒令其退学。可以说，潘某因此身心受伤。

须知，青少年学生心智尚未成熟，社会阅历尚浅，承受能力较差，未形成正确的法制观念，一旦被推上网络暴力的风口浪尖，产生的后果难以想象。

二、网络色情的表现形式及危害

在网络这个开放而自由的空间里，色情似乎找到了茂盛生长的新沃土。据不完全统计，每秒钟大约就有28258人在观看色情网站。那么，何为网络色情？它包括哪些内容？网络色情对青少年有着怎样的危害呢？

1. 网络色情的界定

要了解网络色情，就要先了解何为色情。而对于色情的定义，一直以来都是一个相当困难的事情。最早的时候，"色情"一词可追溯自古希腊文，意指最"低级的女奴"，即妓女。由此可知，"色情"一词的本意就是指描述妓女生活的文字或艺术品。后经过历史的演进，色情开始以各种不同的样态与方式呈现，从而单纯描述妓女生活的文字或艺术品已无法定义"色情"一词的内涵与外延，对色情加以定义也就显得越来越困难。直到美国学者伯哈德和克罗索在其著名的论文《色情与法律》中对色情给出明确的定义,色情的概念才确定下来:色情的目的是引起性欲的反应,包括过分突出人物的生理反应、突出性行为的畸变或被禁止的形式、突出性虐待和消极顺从,以及性行为和性能力的不真实表述。

我国新闻出版总署于1988年12月27日颁布生效的《关于认定淫秽及色情出版物的暂行规定》第二条及第三条的规定,通过列举法对淫秽与色情进行了界定:

第二条 淫秽出版物是指在整体上宣扬淫秽行为,具有下列内容之一,挑动人们的性欲,足以导致普通人腐化堕落,而又没有艺术价值或者科学价值的出版物:

(一)淫亵性地具体描写性行为、性交及其心理感受;

(二)公然宣扬色情淫荡形象;

(三)淫亵性地描述或者传授性技巧;

(四)具体描写乱伦、强奸或者其他性犯罪的手段、过程或者细节,足以诱发犯罪的;

(五)具体描写少年儿童的性行为;

(六)淫亵性地具体描写同性恋的性行为或者其他性变态行为,或者具体描写与性变态有关的暴力、虐待、侮辱行为;

(七)其他令普通人不能容忍的对性行为的淫亵性描写。

第三条 色情出版物是指在整体上不是淫秽的,但其中一部分有第二条一至七项规定的内容,对普通人特别是未成年人的身心健康有毒害,而缺乏艺术价值或者科学价值的出版物。

由此可知,网络色情是以网络(有线网络和无线网络)为传播手段,并在网络上已经发布出来的数字化信息(图、文或其他多媒体形式),带有性内容并达到足以引发受众性欲以实现其目的,并且这些内容具有社会危害性,即具有鼓励、暗示通过非正常的途径获得为社会道德和法律所不允许的性满足,易使访问者沉迷在一种自我意识的幻觉中,逐步走向犯罪,用违背社会道德标准的方式直接或间接进行盈利。

2. 网络色情的表现形式

网络色情从表现形式上看，实际上和传统色情既存在相同的表现形式，如借助于文字、图片的形式表现，也因为在不同的传播媒介中传播而具有明显的不同之处，如要以计算机网络为工具，通过网上聊天或网上游戏等方式。具体来说，网络色情包括以下几种类型。

（1）色情网站。

一些色情服务公司通过网络手段为传统色情业服务，即建立色情网站，提供一些免费的图片、音频或视频片段，从而为那些感兴趣的人提供服务。这种色情网站主要分布在欧美和日本，当然近几年在国内也有所发现。

（2）网上色情图片和视频。

前者是最为常见、最为猖獗的传播形式，也是在网络上人们接触最多、刺激性最强的色情内容。后者是以数字化压缩的方式将动态画面和声音以数百倍的效率压缩到最小化，再从网上直接传播或下载后播放。

（3）网上色情文学和色情短信。

网络色情文学又称黄色书刊，具有大量直接描写性内容的文字网站及网页。网络色情短信是通过引诱用户在网上订阅手机色情短信的方式传播色情内容。

（4）网上色情交流。

网上色情交流一般分为语言文字类和游戏类两种，前者是指语言文字类交互式色情交流，即网上有关性爱的文字聊天室和有声聊天室，以及近几年出现的视频聊天室；后者是指以色情情节为主要线索的游戏。

3. 网络色情信息的特点

相比传统的色情信息，网络色情信息因为以网络为其传播途径，因此具有以下特点：

（1）高匿名性。

在网络的虚拟世界中，使用者是以一个个的 ID 账号或是昵称出现，于是网络就将使用者的真实身份隐藏起来，从而令其以全新的面貌出现在网络之中，无须担心在网络虚拟世界中的言行会影响到真实社会中的生活。而这种匿名性也为网络色情增加了新奇性与趣味性，并且让使用者感到安全与自在。

（2）高隐私性。

网络的匿名性和计算机本身的高隐私性，为使用者提供了网络虚拟空间，进而保证其活动的隐私性。尤其是后者在使用上具有高隐私性，一般家庭中会放在卧房或书房，加之其操作和网络媒介本身的高科技特性，从而使得使用者可以更具有隐私地在网络上进行色情活动。

（3）高互动性。

网络以其高频宽的特性可以同时与不同接收端的使用者进行互动，使用者可以自行选择任何网络上的节点读取和传送资料、发表意见、寄送及收取电子邮件，乃至于和其他单一甚至多数的网络使用者进行同步交谈。这种高互动性是传统的传播媒介难以望其项背的，与此同时也造成了网络色情信息的快速流通。

（4）方便接近使用。

相比电视、广播、杂志等其他传统的传播媒介，网络明显具有较高的"可接近性"，即普通大众均可以自由地发表意见，甚至可以架设属于自己的网站、首页，这也便利并刺激了部分女性建构专属于女性的色情网站，以颠覆传统的以男性为受众的色情信息。

（5）无国界性。

网际网络是一个分布式、去中心化的管理架构，信息的接收与发送来自各个不同的节点，只有各个网站的管理者对其网站的内容加以管理，没有任何一个单一的政府可以拥有完全的管辖权。因此，网络的使用者可以借由网络互联的特性，连接到其他国家的网站读取相关的信息。

（6）身份的性别错置。

由于网络具有匿名性，网络使用者在网络中只要透过更换昵称或申请具有另一性别特征的代号，即可达到进行性别互换行为的目的，远较真实社会中来得简单而安全。因此在网络上流传着体现这一特质的一句话："在网络上，没人知道你是只狗。"

（7）复制品品质之无差别性。

这一特点是由于在网络上所有的信息（包含色情信息）都是数字化的特点决定的。因此其复制品与原品的品质一模一样，而且在传递的过程中不会存在传统媒介中复制物品质每况愈下的情形，这也因此使得色情信息的流通更加便利、受欢迎。

4. 网络色情信息的危害

网络色情信息以其独特的形式和便捷的传播途径流传着，造成社会上的精神污染，而且对正在成长中的青少年造成极大的危害。

（1）造成脑神经结构的改变与上瘾现象。

有关研究显示，人类对异性的性冲动与异性是否同一人有关，即如果不断地更换能够激发性冲动的异性在个体眼前，那么大脑中关于性冲动的神经结构将会一直处于兴奋状态，长此以往大脑的结构会发生变化。当许多把控不住自己的青少年在不断地观看新的网络色情信息时，就会造成其神经中关于性的部分长期处于兴奋状态，甚至养成严重手淫的习惯，进而导致他们日后注意力减退、记忆力下降甚至生理疾病。这对于正处于成长期的青少年来说，后果是非常严重的。

（2）影响青少年的学业。

青少年学生一旦沉迷于网络色情，就易患上网络色情成瘾症，其最直接、最明显的影响就是使他们荒废正常的学业。

案例

上高一时，一天，小君的邮箱里收到一封匿名邮件，邮件的主题词写着"让你看了大喷鼻血的精彩内容"。忍不住好奇，小君打开了那封"不速之信"，看到了些让他面红耳赤、心跳加速的色情图片和相关网站的网址。早就听说网络上色情泛滥，可没想到"黄毒"还会不请自来。初次浏览色情网站，除了有种冒险的刺激外，并没能满足小君的"好奇心"。相反，看到那些跟动物一样赤裸裸的男女，小君生出了一种羞耻感。在这之前，似懂非懂的小君把男女之间的事情想象得如诗如梦一般美好，而这些色情图片彻底破坏了小君的美好想象。所以，小君只停留了不到十分钟，便匆匆关闭了浏览器。

没有料到的是，有过一次浏览色情网站的经历，就像打开了潘多拉的匣子。家中只剩小君一个人时，他便会做贼般地去"逛"黄色网站，而且停留的时间越来越长。黄色网站让小君产生了难以启齿的变化。小君看异性时，开始专门盯着她们的私密处，有时边看还边臆想。在篮球场上一向生龙活虎的小君，变得整天一副无精打采的模样，上课时也浑浑噩噩听不进老师的讲课。

（3）扭曲青少年的心理，甚至使之走向性犯罪。

首先，造成青少年性观念畸形化。网络上的色情信息制品，往往都是为了盈利而迎合一些成年观众猎奇心理的制品，有些内容是有违正常伦理纲常的。但是一些青年由于缺乏判断力，会将这些错误的性信息当作自己的性观念。同时，青少年正处于价值观、世界观的形成阶段，倘若他们将色情作品中关于性的信息作为性观念，将会给他们的价值观的确立、人生发展造成阻碍。

其次，导致青少年性的态度放纵化。网络色情制品对于青少年的性放纵有推动的作用。由于网络色情的兴起，性对于当今的青少年来说已经不再神秘，他们会公开地讨论关于性的话题，甚至讨论色情制品，对于仍处于学习阶段的青少年来说，这种影响极其可怕。

最后，引发犯罪。一些打着"健康"旗号的网站传授的所谓"性知识"错误百处，根本就不具有科学性与严谨性。长期接受这些畸形的、错误的信息，对青少年身心健康的塑造、发展会产生破坏性的影响。一些自制力差、意志薄弱的青少年禁不住诱惑，铤而走险，从此走向性犯罪的深渊。媒体已披露过多起青少年学生因长期迷恋网络色情而不能自拔，最终走向性犯罪的案例。

案例

小伟从小学六年级开始就迷上了网络游戏，十二三岁就开始上色情网站。由于每天上网，他的学习成绩是全班倒数第一。初一时他就开始逃课，初二上学期干脆退学。为了挣钱去网吧上色情网站，他在一家KTV当服务生。慢慢地，色情网站无法满足小伟的心理需要，于是他开始玩色情网络游戏。就这样，年仅17岁的他，已经交了20多个女朋友，相处最长的两个月，最短的7天。而最终，他因为涉嫌强奸、寻衅滋事，进了看守所。

（4）危及青少年的人身安全甚至性命。

一些有组织的色情制造、传播者利用网络聊天室诱骗青少年提供各种有偿的性服务（为别人或为自己），不仅是明目张胆的犯罪，对青少年的人身安全甚至是性命构成了直接的威胁。在南方某省就发生一起犯罪团伙利用网络聊天室诱骗女性青少年卖淫的恶性事件。而一些个人犯罪分子则利用聊天室与青少年网友进行"网恋""网婚",时机成熟时约请见面。这种网络色情对执迷不悟的青少年的人身安全构成了直接的威胁,一些青少年甚至付出了生命的代价。

三、网络赌博的表现形式及危害

互联网既是天堂也是地狱。它在给人类带来便捷的同时,也极大地刺激了赌博方式和规模的膨胀,催生了网络赌博这一新生事物。如今,面向中文用户的网络赌博网站越来越多,各种网络赌博光盘不断涌入我国,网络赌博已经成为我国禁赌的新区域。

1. 认识网络赌博

人类赌博史可谓源远流长,发展至今也创造出许多赌博方式。中国赌博史可以上溯到先秦时期,当时出现的赌博种类主要有陆博、弈棋、斗戏及蹴鞠等。可以说,赌博的产生与流行,是历史发展消极面的反映,为社会之陋习,不论于人、于家、于国,皆为有害。那么何为赌博呢?赌博是指就偶然的输赢以财物进行赌事或者博戏的行为。网络赌博是指所有通过互联网进行的赌博活动,包括用计算机、手机、无线设备来连接网络参与赌博。

2. 网络赌博的类型

网络赌博主要有六种类型,即投注赌博、在线赌场、彩票站点、在线宾戈游戏、网络扑克以及技术型赌博游戏。其中,投注赌博又包括体育、竞赛、跨国投注和投注交易所。尤其是彩票,在很多人的心目中并不认为是一种赌博行为,青少年学生更是将之当作一种社会性的娱乐活动而沉浸其中。然而事实上,彩票是学习赌博的第一个步骤。

案例

李某是一家体育彩票销售站的老板,曾在广东打工期间误入一个体彩微信群,被引诱参加群里猜数字的游戏,将身上的积蓄输得精光,才意识到所谓的体彩群其实就是一个赌博群。无奈醒悟有些晚了,只得回到江苏老家重谋生计,开了一家体育彩票销售站。虽说输了不少的钱,但也认识了很多赌友。

体育彩票销售站开张后,生意十分惨淡。思来想去,李某觉得利用微信群组织人员参赌一定很赚钱,于是雇用了鲁某、何某等人帮助管理,利用自己销售体育彩票的便利,模仿其在广东参赌的体彩微信群赌博模式,建立了"××体彩11选5"系列微信群,以××体彩中心"11选5"玩法所开出的第一个数字为竞猜对象,吸引网友进行赌博。每天从早上10点即××体彩"11选5"第11期开始,至晚上10点××体彩"11选5"第82期结束,开奖期与××体彩"11选5"的开奖期完全同步。

短短一个月的时间,李某伙同鲁某、何某等人,建立微信群,以××体彩中心"11选5"玩法所开出的第一个数字为竞猜对象,通过猜数字、大小、单双的方法,组织他人进行赌博,累计参赌人数100余人,违法所得29.6万余元。后经群众举报,公安机关至彩票销售站当场抓获了鲁某、何某。后李某到公安机关投案。

3. 网络赌博的特点

与传统赌博相比,网络赌博具有隐蔽性、伪装性、欺骗性更强等特点。这一新型赌博具有如下特点。

(1) 隐蔽性强。

与传统赌博方式相比,网络赌博采用互联网和电子平台,具有很强的隐蔽性,给发现和查处增加了难度。赌博者无论在何时何地,只要能够登录网站,就可以在他人难以觉察的情况下迅速完成赌博行为。同时,网络赌博投注时间短、资金交接便利,这些都给网络赌博跨区域蔓延带来方便,网络赌博者可分散隐藏在任何一个角落,给查处带来难度。

(2) 欺骗性强。

绝大多数网络赌博都通过银行或通过网络银行支付。犯罪分子利用这种手段给参赌人员造成一种错觉,认为既然支付途径是合法的,那么这种支付赌资的行为也是合法的。一些犯罪分子还在网络上或刊物上刊登广告,大肆虚假宣传网络赌博是一种游戏,是国家允许的,以欺骗和诱导一些人员参赌。

(3) 伪装性强。

一些赌博团伙多披上合法外衣,采用公司形式操作。如北京彭中建、肖玉昆团伙，专门成立公司，并与某公司签订第三方支付协议，由其他公司接受参赌人员赌资，再通过转账、投资等方式，将非法所得"洗"成"合法"所得。此外，一些赌枭身为公司法人代表、企业老板，或国家公务人员等，借着身份的掩护，行境外往来、资金转移之便。

（4）诱导性强。

相对于传统的桌面赌博方式，参赌者认为网络赌博是新型玩法，由电脑自行运作数据，人为操作和造假的可能性较小，所以放心投注。根据警方调查，几乎所有网络赌博背后都有造假后台。当网络控制者发现下注趋势之后，就迅速对数据进行修改，决定开盘或不开盘。所有网站都有境外后台，有的后台老板能够在赛事结果出来之前提前预知，从而控制开盘结果。

4. 青少年参与网络赌博的危害

赌博，极易引发杀人、抢劫、盗窃、敲诈勒索等严重刑事犯罪，因赌博造成家破人亡、妻离子散的悲剧时有发生，社会危害性极大。伴随着网络的迅速普及，互联网上出现了虚拟赌场。从赌博数额上看，涉案金额巨大，豪赌现象严重，危害性更大。国外相关研究指出，39%的五年级学生参与过赌博，高中生中参与过赌博的则超过80%。那么，青少年参与网络赌博的危害是什么呢？

案例

小迟是一名性格内向的高三学生，平时寄宿在学校，只有放假时才回乡下老家。小迟平时放假没有什么嗜好，除了做功课外，大部分时间都在QQ上聊天，或者就是玩网络游戏。一天，他在玩斗地主游戏时，打算去购买一些分值，结果糊里糊涂地进入了一个网络赌博的网站。该网站有真人视频和赌博现场，先是试玩，然后真玩，输赢都从网上银行结算。刚开始，他赢了1000多元，很高兴，可是，接下来输掉的越来越多，赢到的越来越少。小迟急了，更加想"把输掉的赢回来"。没有了赌本，便开始跟同学、朋友借，"一共跟10多个同学借了钱，从200多到1000多元不等，还有哥哥、堂哥、哥哥同事的"。到最后，小迟自己都记不清赌博输掉了多少钱。为了还上借的钱，小迟只能拿自己的学费和生活费去还债，结果家里给的学费和生活费都不够还债。放假回家的时候，他便向父亲撒谎，声称自己刚开学花销超出了预算，把学费给花光了。家里也没有怀疑，父亲马上给了第二次学费，同时还多给了 200 块生活费。于是第二次的学费和生活费也拿去还债了，还是无法还清，最后小迟不得不把自己的手机也拿去抵押，换钱来还债。尽管如此，小迟的赌债还是没有还清，连伙食费都成了问题。他害怕学校因查询到学费没到账而找家长，担心自己网络赌博的事难以继续隐瞒。同时，自己被赌债搞得整天提心吊胆，根本无法进入学习状态，时刻想着去哪里弄点钱。尽管知道自己错了，但也已无力回天。最终，巨大的心理压力让小迟一度昏厥，甚至还产生了轻生的念头。幸运的是，小迟的家人及时得知此事，帮助小迟还清赌债，同时也帮助小迟认识到网络赌博的危害，从此决心远离赌博。

上述案例中的小迟，因为上网玩游戏而无意中落入网络赌博的陷阱。而事实上，像小迟一样参与网络赌博的青少年并不少见。具体来说，青少年参与网络赌博会造成如下危害：

第一，令青少年产生贪欲，久而久之会令其人生观、价值观发生扭曲。这是因为在赌博的过程中，青少年会将人们之间的关系看成赤裸裸的金钱关系，逐渐成为自私自利、注重金钱、见利忘义之人。

第二，青少年参与网络赌博会大量浪费学习和休息的时间，从而影响其身体和学业，造成身体素质下降，引发疾病，导致学业落后，甚至因此而留级、退学。由于赌博的结果与金钱、财物的得失密切相关，因此参与者要全力以赴，为此精神高度紧张，精力消耗大。青少年学生一旦经常能与网络赌博活动，就会因为精神高度紧张而诱发严重的失眠、精神衰弱、记忆力下降等症状，从而引发身体疾病，导致学业受到严重影响。

第三，毒害学生的心灵。青少年学生参与网络赌博，倘若赢钱，就会令其产生好逸恶劳、尔虞我诈、投机侥幸等不良的心理品质；倘若输钱，就会令其产生极度的求胜心理，进而一而再地沉入其中，最终心理素质、道德品质下降，社会责任感、耻辱感、自尊心受到严重削弱，甚至走上违法犯罪的道路。

此外，青少年一旦参与网络赌博，积习难改，就有可能在日后发展为职业赌徒。同时，在赌博过程中，因为心理压力大，还会染上吸烟、饮酒、偷窃、打架等恶习。

第二节　网络暴力的预防与教育

网络在人们生活中已不可或缺，网络暴力现象也因其负面的社会效应而成为舆论焦点。对于学生群体而言，网络暴力对其的负面影响和危害较其他群体更为严重。网民的匿名性、网民的素质参差不齐、网络上缺乏道德和制度约束等都是网络暴力频发的诱因。面对伤害巨大、波及面极广的网络暴力，我们应该如何引导中小学生加以预防，如何对中小学生进行教育呢？

一、网络暴力的预防

网络是一个虚拟的世界，同时也是一个和真实世界并行、交融的现实世界。互联网的开放性、交互性、匿名性，很容易使有些网民不负责任的言行演化为"网络暴力"，侵犯了当事人的隐私权等合法权益，给他人造成极大的精神伤害和心理伤害，必须引起社会的高度重视。为此，学校和教师要注意采用以下方法，引导学生积极预防网络暴力，远离网络暴力。

1. 规范行为，文明上网

网络是一个虚拟世界，相当多的青少年在网上随心所欲地发泄自己的愤怒和不满，随意辱骂他人以获得心理宣泄。这些不负责任的谩骂和羞辱不仅对他人造成伤害，也使自己成为网络暴民，甚至会因此招致"被害者"的回击和报复，让自己也成为网络暴力的受害者。因此，学校要运用多种形式教育学生做文明网民，规范自己的网络言行，文明上网，为自己和他人营造一个和谐的网络世界。一方面，针对网络暴力的预防，学校可以利用每周升旗仪式时间，对学生进行关于上网文明的教育；另一方面，学校可以通过开展全校的演讲比赛，以"远离网络暴力"为主题，提倡学生文明上网。

第六章 网络暴力、色情、赌博的预防与教育

案例

敬爱的老师,亲爱的同学们:

今天我国旗下讲话的题目是"文明上网,从我做起"。

有逸闻一则,号称"上网就是落网"的余光中先生,拒绝电脑更是拒用手机。一位老友嘲笑他顽固不化,便送部手机助其跟上潮流。余老试用后,以诗回赠道:"一只玲珑的小宝盒,藏着珍贵的小秘密,是我贴身的耳朵呢?还是你贴身的嘴唇?"其实细细想来,何止是耳朵与嘴唇,整个人类社会悄然间已被一"网"打尽,网络时代已经势不可挡。但在科技崛起的同时,人性的危机也暗自潜伏。

网络的虚拟使网民有些忘乎所以,以为躲在虚拟头像下就能为所欲为。当公众对于网络秩序持漠然态度时,"群体暴力"就滋生了。还记得那个被人肉搜索逼迫自杀的女孩吗?她因为偷了一件衣服,就被店主拍照挂在网上"求人肉"。没有法律的仲裁,也没有教育的引导,只有无休止的谩骂,判处了她的死刑。大众的义愤本来无可厚非,但当网络的平台将"群体"无限放大时,大众的情绪化如同"水之就下,沛然谁能御之"?

在日渐虚拟的世界中,身份模糊化造成责任的缺失,法律的不足助长了犯罪的发生。然而《大学》有言"君子必慎其独也"。更何况网络不是个人情绪的垃圾桶,而是半开放的公众平台;不是秩序之外的荒地,而是人类文明的结晶。

今天,你的面具之下是哪一张面孔?是文明或丑恶,理智或疯狂?

你灵魂中的善良能否战胜冲动,战胜这非理性狂欢的氛围,战胜如海潮般涌来的众人嘈杂?

作为新时代的高中生,反省自身,我们有没有在网上使用不文明的词汇、浏览不良网站?有没有把私愤发泄在网上?有没有未经同意暴露别人的照片?有没有参与贴吧的相互攻击?有没有转发虚假信息、传播谣言?

我们不应让粗鲁的言语再玷污本应代表现代与文明的网络页面,不应将一个个字符变为网络暴力一次次棍棒般地痛击,而应把即将脱口而出的不文明字眼与过度的冲动滤去,把网络评论变成一面面书写社会文明、理性、爱与善的旗帜,只有这样才能留下对正义的由衷赞美与对丑恶的深刻反思。

……

同学们，网络文明不是一个空洞的标签，不是强制的说教，更不是绳索将人缚紧，它应该是我们每个人一点一滴汇成的文明大潮，共同推动社会和谐的之舟越行越远。网络文明，从你我做起！

2. 多种形式，提升认识

班主任可以在班级中有针对性地组织关于网络暴力的预防活动，以多种多样的活动形式，对学生进行网络暴力的预防教育，从而让学生在活动中感受到网络暴力的危害，进而自觉提升自己的素质、规范自己的言行。

案例

七年级各班以拒绝网络暴力为主题召开了班会。本次班会由学生进行策划和主持，各个班级的同学积极发言。从网络暴力的概念及表现形式切入主题，结合目前存在的网络暴力的危害及实际的案例分析，同学们积极参与，各抒己见，场面格外热烈。

通过本次班会，同学们深刻认识到网络暴力给人们带来的危害，表示今后一定要加强思想道德的修养，拒绝网络暴力，并在复杂的网络世界中保护自己的尊严和权益。最后各班班主任老师进行了总结，强调一定要正确地使用网络舆论这把"双刃剑"，做到文明上网，绿色上网。

3. 学科教学，发挥优势

除了利用班会等形式对学生进行预防网络暴力的教育，课任教师还可以利用学科教学的机会，将关于网络暴力的预防与学科教学结合起来。如语文教师可以将之与课本剧结合起来，数学教师可以将之与应用题的计算编制结合起来，道德与法治教师可以将其与法治教育结合起来。下面这个案例就是以戏剧表演的形式，化枯燥的说教为形象的表演，让学生在表演和观看的过程中感受到网络语言暴力的危害，从而反省自己，规范言行。

案例

第三幕

时间：周五下午放学后

地点：柳小天家

人物：柳楠、柳小天

（转眼一个月过去了，第一次全市学科竞赛暨调研测试结束）

柳小天（盯着电脑，紧张地）：妈妈，学校官网有通知，老师可以在学校网站查询调研的成绩了呢！

（柳楠赶紧坐到电脑前，复制了601、602的调研成绩，发到QQ群上。过了一会儿，柳小天的QQ就响个不停。柳小天打开对话框，浏览信息）

数学何老师：祝贺我们北奕学院601班柳小天同学在数学测试中获得全市第一、120分满分的好成绩！

同学甲：祝贺！

同学乙：真厉害！

同学甲：是啊，他又把那个以前所谓的"年级第一"傅中哲给比下去了。

同学丙：所谓傅中哲，也不过如此！

柳小天（惊讶地）：同学之间能这么刻薄吗？

（柳楠听到了，也凑过来看，柳小天继续浏览）

傅中哲：山外青山楼外楼，柳小天同学的确是我学习的榜样，我会努力的。祝贺柳小天取得这样的好成绩！我一定会加倍努力，与柳小天共同进步！

（突然，这个交流群变成了匿名模式）

×××：傅中哲，别装了！这么假惺惺的，一看就是虚伪！

×××：姓傅的，伪君子这副丑恶的嘴脸就别拿出来了！

×××：就是！这人都不知伪装了几年了！每次有人比他好，都是这副谄媚的嘴脸。

×××：还记得柳小天来的第一天，傅中哲是什么态度吗？当时我看见了，明摆着的不屑！现在呢？巴结讨好。就因为人家成绩好！

×××：就因为自己是个破班长，了不起了！

×××：你以为你是谁啊？还想"与柳小天共同进步"？笑话！

（柳小天看不下去了，关上了电脑）

柳小天（气愤地合上电脑）：网络暴力！赤裸裸的网络暴力！能这样吗？

柳楠（沉思）：网络暴力……特殊的校园暴力……

（两个小时后，柳小天因为做编程题目需要，再一次打开了电脑。做完题目，柳小天再一次回到QQ群，里面还是匿名模式）

QQ群新信息：99＋条

×××：傅中哲这个人，记得三年级转进来时还有一点胖胖的可爱，现在已经瘦成狐狸精了！

×××：我估计呀，那些营养，都转化成他脑子里的各种小人心计了！

×××：他制订了那么多所谓的"优秀班规"，肯定是从网上抄来的，却说是他自己的主意，只是为了吸引老师的注意，谋一个班长职位罢了！

×××：什么时候他在学校里认真为学习做点事了？每天往办公室、学生会跑，不就为了虚张声势，图个虚名吗？

×××：他那些所谓优异的考试成绩，很可能是抄的！

×××：是哟。要不然他每天忙着趋炎附势，哪有时间认真学习了？……

柳小天（义愤填膺）：真是的，大家是同学呀！

第四幕

时间：周一的思想品德课

地点：601班教室

人物：柳楠、601班同学

（601班教室里嘈杂阵阵）

柳楠（微笑着）：同学们，今天这一节思想品德课，我们来谈一谈我们身边的中关村二小事件。

同学甲（窃窃私语）：我看柳老师没事找事，我们学校哪有校园暴力呀？

同学乙：就是！

柳楠：先请大家来说说，在你的印象中，什么是校园霸凌？

同学丙：同学对同学之间的肢体暴力、言语暴力、威胁性暴力。

柳楠（微笑着）：说得很好。还有谁要补充吗？（教室里一片沉寂）

傅中哲（忽然站起来）：柳老师，我认为还有网络暴力。（同学们诧异地看着他）

柳楠（沉重地点点头）：是的，你说得很对。（出示课件）2016年12月，美国得克萨斯州一名18岁的高中女生布兰迪自杀死亡。因为多年来网上一直有一群匿名人士拿她的体重恶搞弄。他们在网络上做恶意网站，并公开布兰迪的电话、照片，还对她的年龄造假。不堪凌辱的布兰迪最终选择自杀。（严肃地）生命的尊严值得每个人去捍卫。没有人可以以任何方式侮辱他人，包括你们眼中不值一提的网络……（意味深长地）同学们，也许你们之间有矛盾，但暴力不是解决矛盾的方式。诚恳地表达歉意，才能化干戈为玉帛呀！（语气一转）要不这样吧，我到我们的QQ群上，顺便帮大家查一查你们的言行是否合乎学校规范？

同学们（争先恐后）：柳老师，今天不用了！

柳楠（会意地一笑）：好吧，那我下次定期查哟！

同学丁（低下头）星期五我真不应该那么做！

4. 丰富活动，提升素养

青少年生活在如今网络发达的社会，他们无时无刻不在触网。倘若想让他们远离网络暴力，单纯靠规章制度管理是不行的，要注意采取疏堵结合的方法，一方面学校或班级要制定相应的规章制度，严格学生的上网行为，规范学生的网络语言；另一方面要借助于各种活动分散学生的注意力，培养他们良好的言行和素质。

此外，学校不妨在中学阶段增设网络素质教育课程，加强对学生使用网络及鉴别能力的培养，进行正面引导，促使学生自觉抵制网络暴力，提高其抗风险能力。

5. 掌握方法，巧妙应对

学校还要引导学生注意在上网过程中会分辨不良网站，如果发现在某网站中经常被谩骂、恐吓，就要及时停止浏览该网站的网页。注意不要与施暴者辩论或对骂，因为这样只能招来更多的羞辱，而是要停止浏览网页，尽量减少网络暴力对自己的影响。学校和教师要提醒学生不要在网上泄露个人信息，以避免自己成为网络暴民攻击的对象。

一旦收到恐吓信要及时求助。一般来说，恐吓邮件或留言多是网民的恶作剧，是为了吓唬他人的。面对这些真假难辨的信息，不要一味地害怕，而是要及时告诉老师和家长，请他们提供必要的支持，以保证自己的人身安全。

6. 加强教育，提升法治观念

网络是开放自由的，但"自由是建立在不做任何有害于他人的事情"。任何谩骂、侮辱甚至人身攻击的言论，并不是我们渴望的"自由"。一切的愤怒，都不是网络暴力的理由。一切的所谓追求正义，都应当在法治的轨道下运行。因此，学校还要注意对学生进行法治教育，聘请司法方面的专业人士为学生进行关于网络暴力的讲座，让学生了解有关网络暴力的表现、危害及相关法律，从而提升学生的法律意识。

7. 言传身教，正确引导

中小学生的活动场所主要集中在学校和家庭，因此，教师及家长要充分发挥言传身教的作用。无论是教师还是家长，一旦遇到网络暴力事件应做到：首先和孩子一起认真分析事件的真实性，全面、客观地表达对事件的观点，提出正确解决问题的办法和途径，尽量不参与网络评价；其次在发现网络暴力时，和孩子一起耐心分析网络暴力带给他人的伤害及可能触及的法律问题，明确态度，不能以暴制暴，更不能不加分析地跟风和转发网络暴力；最后要关注孩子在社交网络上的言论，睿智、豁达、细心、宽容、认真地对待孩子提出的问题，诚恳地与其交流，传递正确的价值观。

二、实施网络暴力的学生的教育引导

中小学生生活在网络信息高度发达的时代，不可避免地要受到网络信息的影响，网络暴力对他们的负面影响尤为突出。网络暴力不仅影响他们树立正确的价值观，更影响他们塑造健康的人格，甚至一些学生成为网络暴力的施暴者。面对这些参与网络暴力行为的学生，学校和教师要联手家长实施教育和引导。

1. 指导减压，改变自己

部分学生之所以成为网络暴力的施暴者，是因为他们发现网络可以让其无任何负担地发泄自己的负面情绪，减轻压力。为此，学校和教师要注意教育学生找到正确的解压方式，自觉改变自己，自觉远离网络暴力。

学校和教师要引导学生自觉选择健康的减压方式，加强体育锻炼。中小学生，尤其是中学生学习压力大，网络的开放性和匿名性，让他们似乎找到了可以释放压力的"平台"。尤其是一些网络事件与他们产生共鸣时，他们便不假思索地参与到网络暴力中。因此，要减少网络暴力给中学生造成的影响，减轻其学习压力是关键。中学生应选择健康的减压方式，加强体育锻炼，建立起乐观、积极向上的心态，避免沉溺于网络。

2. 培养科学而高雅的活动

教师和家长要注意培养学生高雅素质，引导其主动拒绝低级趣味。学生利用网络的初始目的是学习，而网络内容良莠不齐，因此教师和家长要引导学生在使用网络时有意识地选择健康内容，拒绝浏览低级趣味的内容，因为低级、庸俗的内容往往有悖于道德伦理和法制，也往往是网络暴力泛滥之源头。

3. 指导交友，互相影响

教师和家长要提醒学生谨慎交友，防微杜渐。所谓"近朱者赤，近墨者黑"，青少年学生在交友上最能体现这一特点。当前，低年龄段的刑事案件中大多数为群体犯罪的现象说明，中学生交友的选择十分重要。教师和家长要引导学生认识到，良师益友往往能带领自己进步；选择沉溺于网络的人为友，时间长了，受其网络暴力语言和行为的影响就在所难免。

第三节　网络色情的预防与教育

无孔不入的网络色情信息，像海洛因一样吞噬着青少年的心灵，冲击着数以百万计的成年人的道德底线，引发各种犯罪。很多青少年性犯罪的产生，跟网络色情文化的冲击是分不开的。色情文化对人的心理冲动起到一种恶性的催化作用，使得青少年的心理、冲动被激活，发展到寻求生理发泄的对象，从而走上犯罪道路。那么，学校和教师如何对学生进行预防网络色情侵害的教育呢？

一、网络色情的预防

网络色情对青少年学生的影响巨大，轻则影响身心健康和学习，重则引发犯罪。那么,我们如何预防学生沉迷网络色情呢?

1. 积极学习,严格管理

2001年11月22日,团中央、教育部等单位联合向社会发布了《全国青少年网络文明公约》。公约明确提出了"五要五不":要善于网上学习,不浏览不良信息;要诚实友好交流,不侮辱欺诈他人;要增强自护意识,不随意约会网友;要维护网络安全,不破坏网络秩序;要有益身心健康,不沉溺虚拟时空。学校和教师要以这一公约为标准,对学生明确要求,使之自觉遵守"网络文明公约",不断加强自身素质的培养,形成良好的上网习惯,坚决抵制网络色情的诱惑。

 案例

网络教室管理制度

1. 网络教室是学校实施信息技术教学的主要场所,由各班班主任负责管理和维护。未经各班班主任允许,任何人不得进入。

2. 建立网络教室硬件和软件财产登记制度,做到账物相符,并按要求分类编号、贴上标签、定位放置。

3. 网络教室内要有可靠的防盗、防雷、防火、防尘和防水设施,并责任到人。

4. 网络教室内要设立"网络教室使用记载表",由各班班主任记载每天的教学内容和设备运行等情况。

5. 信息技术教师使用网络教室时,各班班主任应保障供电、计算机、网络等设施设备正常运行。设备使用完毕后,应及时关闭总电源。

6. 每台工作站设立"学生工作站上机日志",信息技术教师督促学生正常记载,各班班主任要定期查看,如有故障,及时进行检修。

7. 使用网络教室时,严禁登录非法、色情等内容不健康的网站,自带的光盘、U盘等软件在使用前需先行杀毒,各班班主任定期做好计算机的防毒杀毒工作。

8. 网络教室内严禁抽烟、喝水、吃零食,要保持网络教室环境整洁。

9. 严格遵守操作规程。网络教室内设施设备如有损坏,各班班主任应查明原因,并及时报告。

从上述网络教室的管理制度可以看出,学校对于学生浏览网络予以了严格的

规定，以杜绝学生在校上网浏览色情内容的途径，从而严防学生网络色情沉迷现象的出现。

2. 组织活动，培养学生的意志

为避免学生沉迷色情网络，除了加强相关制度的管理，学校和教师还要注意采取多种措施培养学生的意志力。只有学生提升了意志力，提高了自身素养，才有可能抵制网络色情的诱惑。

案例

一、提出问题，了解问题

表演游戏："站桩"，分享感受，引出"意志"的话题。

二、分析问题，解决问题

出示几个不同的情境，并分析情境中的这几个学生存在的问题，提出解决措施。

三、心理小测试

发给每个学生一份意志力自我测试问卷，让学生自己填写，了解自己意志力的强弱。小测试附在下面。

四、分组讨论

如何培养自己坚强的意志力？

五、结束语

有人曾经这么说过："伟大的事业不是力气、速度和身体的敏捷完成的，而是性格、意志和知识的力量完成的。"同学们，意志是成功的重要心理因素，更是让我们远离网络色情的重要武器。为了我们将来能成就一番事业，就让我们从现在开始磨炼我们的意志吧！

3. 学科教育，科学认识

青少年学生正处于生理、心理的发育期。当无法从老师或家长那里获得正确的关于性的知识时，他们就会在好奇心的驱使下，从网络中获得一些支离破碎，甚至错误的性知识。因此，面对黄色内容充斥网络的现实，针对青春期的学生的心理和生理变化，学校和教师要注意对学生进行科学的性教育，而不是一味地禁止学生上网，或采取强硬措施。一味地禁止学生上网，并不能真正让学生远离黄色祸患的困扰。只有对青少年进行科学的性教育，使其正确认识性，才能从根本上使其远离黄祸。学校不妨借生物学课的机会，对学生进行科学的性知识教育，也可以举办以"心理健康"为主题的班会、青春期健康知识竞赛等，家长也可以推荐书籍等方式策略性地向孩子讲解性知识。

 案例

青春期健康知识竞赛试题（男生卷）（部分）

（时间：120分钟；总分：100分）

一、选择题（每小题1分，共70分。每小题只有一项符合题目要求）

1. 我们生命的起点是（   ）

   A. 受精卵　　　　B. 精子　　　　C. 卵细胞　　　　D. 婴儿

2. 人的孕期一般需要几个月的时间？（   ）

   A. 8个月　　　　B. 9个月　　　　C. 10个月　　　　D. 11个月

3. 人体生长发育可分多个阶段，其最后阶段是在（   ）

   A. 幼儿期　　　　B. 童年期　　　　C. 青春期　　　　D. 青年期

4. 青春期的年龄在国际上界定为10～20岁，我国习惯把（   ）岁称为青春期。

   A. 10～18　　　　B. 11～18　　　　C. 12～18　　　　D. 13～18

5. 第一性征又称主性征，在人出生时就基本完备了，它是指（   ）

   A. 两性外形上的差异

   B. 两性生殖器官的差异

   C. 除生殖器官外，两性在性别上特有的差异（如长胡须、乳腺发育等）

   D. 两性在个子高矮上的差异

6. 第二性征又称副性征，要在进入青春期后才出现，它是指（   ）

   A. 两性外形上的差异

   B. 两性生殖器官的差异

   C. 除生殖器官外，两性在性别上特有的差异（如长胡须、乳腺发育等）

   D. 两性在个子高矮上的差异

7. 下列对青春期特点的叙述中，不正确的是（　　）

A. 是指神经系统开始发育的阶段

B. 是指生殖器官开始发育到成熟的阶段

C. 是指人体形态和功能显著变化的阶段

D. 是童年到成年的过渡阶段青春期生理

8. 男孩青春期发育比女孩青春期发育出现（　　）

A. 早些　　　　　B. 迟些　　　　　C. 几乎同时　　　　　D. 同时

9. 男性的第二性征不包括（　　）

A，喉结突出　　　　　　　　　　　B. 身高增长

C. 皮肤变细腻　　　　　　　　　　D. 声音变大变粗

10. 下面哪个部位不属于男性的第二性征的描述的范围（　　）

A. 喉结　　　　　B. 阴茎　　　　　C. 胡须　　　　　D. 肌肉

11. 男性生殖器官由内、外生殖器2个部分组成，其中内生殖器不包括（　　）

A. 睾丸　　　　　　　　　　　　　B. 输精管

C. 附属腺（如：前列腺）　　　　　D. 阴囊

12. 男性外生殖器官包括（　　）

A. 阴茎和睾丸　　B. 阴茎和阴囊　　C. 排精管道　　　D. 附睾

13. 睾丸的主要功能是哪两个？（　　）

A. 产生精子和分泌雄性激素

B. 产生精子和分泌生长激素

C. 分泌尿液和分泌雄性激素

D. 分泌尿液和分泌生长激素

……

4. 家校联手，科学防控

　　学生一般在家中上网的时间比较多，因此学校须与家长联手，共同为学生筑起一道防控之墙。调查表明，正是由于一些父母对子女缺乏必要的监督，才导致他们的子女沉溺在色情网络。甚至直到孩子出事，父母才了解实情。因此，学校要帮助家长认识到网络色情对孩子的危害，督促家长对孩子的上网行为进行监督

与引导，在发现问题时及时与孩子谈心，从而发挥家庭的防范作用。

除此之外，学校和教师还要提醒家长勤于检查家中的电脑，安装好防护软件，防止黄毒侵入，给孩子营造一个"绿色"的网络世界。家长要主动帮助孩子选择优秀的网站，随时注意孩子浏览的网站内容，了解孩子的网友，帮助他们正确辨别网友的人品，尽量陪孩子一起上网，提醒孩子切勿沉迷于网络。

二、沉迷网络色情学生的教育引导

针对那些已沉迷网络色情的学生，学校要本着治病救人的态度，对他们进行针对性的教育。

1. 专业心理治疗

针对那些沉迷于网络色情的学生，学校和教师要结合学生的年龄特点，进行必要的专业心理治疗。一方面，学校要成立专门的心理咨询室，由专业的心理教师对他们进行一对一的治疗；另一方面，学校可以将此类学生分组进行团体心理治疗，从而循序渐进地挽救他们。

2. 家校结合，科学教育

针对那些沉迷于网络色情的学生，学校要注意指导家长对孩子进行科学的教育，从而帮助他们挣脱网络色情这张"网"。

一是家长要主动关心孩子的健康生活，正确引导孩子的行为，积极培养孩子的自制力和自我保护意识。一旦发现孩子再次浏览网络色情内容，就要态度坚决地予以反对，并断绝其上网的途径。

二是实施正确的性教育。家长要正视孩子的问题，主动让孩子得到科学的性知识，消除孩子对性的神秘感，并告诉孩子网络色情可能带来的危害。平时要细心观察孩子交友情况，禁止孩子与社会上的不良少年接触，以免孩子再次受到诱惑和伤害。

三是组织健康的家庭活动，分散孩子过剩的精力。青春期孩子精力过盛，家长不妨引导孩子积极参加丰富多彩的活动，如打球、游泳、下棋等，分散其对网络色情的注意力，助其找到更加有意义和有趣的事情。只要家长能坚持下去，一定会见成效。

第六章 网络暴力、色情、赌博的预防与教育

第四节 网络赌博的预防与教育

当下,赌博业已搭上了互联网这趟高速列车。网络赌博之便捷之隐蔽之防不胜防,已然引发了诸多社会问题,引诱涉世未深的青少年参与赌博。面对青少年参与网络赌博的现象,学校和教师要采取多种措施进行预防和教育。

一、网络赌博的预防

针对学生参与网络赌博的现象,学校一方面要严明校规校纪,使学生养成遵纪守法的好习惯;另一方面,要让学生充分认识到赌博的危害,进而远离赌博。

1. 加强教育,提高警惕

学校要借助于多种形式的活动,让学生认识到赌博是违法犯罪行为,分清娱乐与赌博的界限,远离赌博。一方面,学校可以利用每周的国旗前讲话、主题班会或晨训等形式,强调校规校纪,讲清网络赌博的危害,让学生提高警惕;另一方面,学校可以请专业人员为学生讲座,提升学生对赌博的认识,尤其是对赌博与娱乐差异的认识,从而避免误入歧途。

 案例

远离网络赌博主题班会

一、老师播放视频,引入案例。

二、两名主持人谈感想,请同学们谈看法和感想。

三、一名主持人介绍赌博的心理及危害。

1. 案例介绍:

2. 案例反思:此例虽轻描淡写,但已道出了赌博的极大危害。那么为什么人们会沉醉于这么可怕的危险中呢?一是为赢利而赌;二是为娱乐而赌;三是从参赌

之中体验竞争，以满足好胜心理；四是通过参赌寻求刺激；五是以参赌逃避现实。

四、谈青少年犯罪心理。

五、谈青少年犯罪的预防。

六、提问：哪些方式可以减少青少年网络赌博引发犯罪的可能？

七、班主任总结。

活动延伸：回家观察周围的网络赌博现象，与家人讨论。

2. 丰富活动，充实业余

一些学生沉迷于网络赌博是由于过度迷恋网络，因此，学校可以组织丰富多彩的课外活动，让学生的业余时间过得充实，以减少他们对网络的迷恋，进而减少其参与网络赌博的可能性。

3. 同伴互助，关心扶持

学校要将学生结对子，让学生之间互相关心、互相帮助。这样一来，一旦发现学生存在参与网络赌博的苗头，就可以及时教育，以防滑入深渊。

4. 家校联手，严把源头

学生参与网络赌博的原因，一方面是由于沉迷于网络，受到网络的引导；另一方面是由于缺少关心和爱护，家长对孩子过分忽略，以至于最终发展成大问题。因此，学校要指导家长在家中多与孩子交流，使之认清网络赌博的危害，同时要杜绝源头，管理好孩子上网的时间、孩子的花销，同时还要注意孩子是否存在异常的支出，从而从源头上杜绝其参与网络赌博的机会。

二、沉迷网络赌博学生的教育引导

尽管学校、教师和家长多方努力，但个别学生还是不可避免地参与网络赌博。面对这样的学生，学校和家长更要联手合作，对他们进行有针对性的教育，从而避免其越陷越深。

1. 厌恶干预法

沉迷于网络赌博是一种上瘾行为，而这种行为除了要依靠家人和老师的教育来矫正，还需要杜绝其上瘾心理。因此，必要的心理干预对于网络赌博成瘾的学生相当必要。一般来说，针对网络赌博沉迷可以采用厌恶干预疗法。

厌恶干预又称惩罚干预，是指采用惩罚性的厌恶刺激来减少或消除一些适应不良行为的方法。厌恶干预有广义和狭义之分。狭义的厌恶干预的原理是把需要消除的目标行为（不良行为）与某种不愉快的或惩罚的刺激结合起来，通过厌恶性条件反射，达到消除或减少目标行为的目的。广义的厌恶干预除了本来意义的"厌恶"外，还包括"惩罚"。通常情况下，在心理老师或专业心理咨询人员的帮助下，可以采用以下方法治疗网络色情沉迷：

（1）橡皮圈拉弹干预。

方法是让学生在手腕上系上一根橡皮圈，一旦产生要上网赌博的想法时，就拉弹套在手腕上的这根橡皮圈，从而让疼痛感刺激自己，以抑制不正常行为。这种方法简便易行。

（2）社会不赞成厌恶干预。

所谓社会不赞成厌恶干预，主要是运用图片、影视、舆论等手段，使学生在作出不良行为的同时产生一种社会制约感，从而在心理上造成威慑作用并戒除不良行为的一种干预方法。这种方法需要由心理咨询师或在其指导下的教师进行，而且要提前准备与沉迷于网络赌博相关的资料和信息，如人们对沉迷于网络赌博的人的评价，以及沉迷于网络赌博的人的各种丑恶嘴脸图。

（3）内隐致敏干预。

所谓内隐致敏干预，又叫想象性厌恶干预，是指在专业心理教师或心理咨询师的指导下，让沉迷于网络赌博的学生想象事件过程和结果的办法，使自己对不良行为产生厌恶感，从而逐渐减弱不良行为的频率。

2. 耐心＋爱心＋信心

沉迷于网络赌博的学生，通常会尽力将自己的这种行为隐藏起来。因此当发现这样的学生时，教师和家长要采取保护其隐私的方法，运用耐心＋爱心＋信心的方法帮助他们走出泥潭。所谓耐心，就是教师或家长不要因为学生或孩子犯错而对其不耐烦，要树立打持久战的决心，坚持不懈地对他们观察和教育；所谓爱心，就是不因其犯错而将其推开，而是要接纳和包容；所谓信心，是要相信经过努力，他们会戒除赌瘾，回归正途。

附 录

教育部办公厅关于做好预防中小学生沉迷网络教育引导工作的紧急通知

各省、自治区、直辖市教育厅（教委），新疆生产建设兵团教育局：

随着互联网和手机终端发展，成瘾性网络游戏、邪恶动漫、不良小说、互联网赌博等不断出现，造成一些中小学生沉迷游戏、行为失范、价值观混乱等问题，严重影响了中小学生的学习进步和身心健康，甚至出现人身伤亡、违法犯罪等恶性事件。为切实做好预防中小学生沉迷网络教育引导工作，有效维护中小学生身心健康和生命安全，现就有关要求紧急通知如下：

一是切实增强责任感紧迫感。当前，网络环境日益复杂多变，各类信息充斥网络，中小学生容易受到不良信息的影响。教育引导中小学生绿色上网、文明上网，是贯彻落实党的十九大精神，落实立德树人根本任务的重要举措，是办好人民满意教育、促进学生身心健康的必然要求。各地要充分认识预防中小学生沉迷网络的极端重要性和现实紧迫性，将教育引导工作摆在更加突出的位置，进一步增强责任意识，健全制度机制，强化日常监管，以更大力度、更实举措抓紧抓实抓好这项工作，保障广大中小学生在良好的网络环境下健康快乐成长。

二是迅速开展一次全面排查。各地教育行政部门要组织中小学校迅速开展一次全面排查，了解掌握中小学生使用网络基本情况，重点排查学生沉迷游戏等问题。对排查中发现的涉及中小学生的网络违法违规行为，以及宣扬赌博、暴力、色情等内容的网络文化产品，要及时向当地文旅、公安、网信等部门报告，会同相关部门采取针对性措施予以整治。对发现的学生沉迷网络等问题，要结合学生实际，及时给予教育和引导，恢复正常的学习生活。

三是集中组织开展专题教育。各地教育行政部门要积极会同当地宣传部门以及新闻媒体，集中在开学后、放假前等重点时段播放预防中小学生沉迷网络提醒，及时向家长推送防范知识。各校要通过课堂教学、主题班会、板报广播、校园网站、案例教学、专家讲座、演讲比赛等多种形式开展专题教育，引导学生正确认识、科学对待、合理使用网络，了解预防沉迷网络知识和方式，提高对网络黄赌毒信息、不良网络游戏等危害性的认识，自觉抵制网络不良信息和不法行为。教育部将研制预防中小学生沉迷网络的教师、家长和学生手册，制作专题警示片，上传教育部门户网站供各地下载使用。

四是严格规范学校日常管理。各地教育行政部门要研究制定预防学生沉迷网络工作制度，重点加强农村学校、寄宿制学校等管理工作，并指导学校加强对校园网内容管理，建设校园绿色网络。各校要明确学校各岗位教职工的育人责任，将预防沉迷网络工作责任落实到每个管理环节，加强午间、课后等时段管理，规范学生使用手机。教师要及时掌握学生思想情绪和同学关系状况，积极营造良好的班级氛围，组织学生开展丰富多彩的班级活动。各地中小学责任督学要将预防中小学生沉迷网络工作作为教育督导的重要内容，将督导结果作为评价地方教育工作和学校管理工作成效的重要内容。

五是推动家长履行监护职责。各地各校要通过开展家访、召开家长会、家长学校等多种方式，一个不漏地提醒每位家长承担起对孩子的监管职责，帮助家长提高自身网络素养，掌握沉迷网络早期识别和干预的知识。要提醒家长加强与孩子的沟通交流，特别要安排好孩子放学后和节假日生活，引导孩子绿色上网，及时发现、制止和矫正孩子网络游戏沉迷和不当消费行为。要认真做好预防沉迷网络的《致全国中小学生家长的一封信》复印发放工作，确保传达到每一所学校、每一位家长，并做好回执回收保管。

请各地将贯彻落实情况及时报我部。

联系人及电话：基础教育司 欧拥军　010 - 66092062

附件：致全国中小学生家长的一封信

教育部办公厅

2018 年 4 月 20 日

附件：致全国中小学生家长的一封信

诸位家长：

互联网络既兴，移动终端正盛；信息交互通达宇内，图文视听精彩纷呈；有助沟通便捷，能广世人见闻，可增少儿学识，更促社会繁荣。然成瘾游戏、邪恶动漫、低俗小说、网络赌博，附生蔓延，危害孩子健康，亟须大力防范。是以倡导全体家长，恪尽父母责任，力行"五要"，与学校共筑防范之堤。

一要善引导，重监督。家长须强化监护职责，养良善之德，树自卫之识，戒网络之瘾，辨不良之讯。

二要重表率，立榜样。家长须重视网瘾危害，懂预防之策，远网游之害，读有益之书，表示范之率。

三要常陪伴，增亲情。家长须营造和美家庭，增亲子之情，理假日之乐，广健康之趣，育博雅之操。

四要导心理，促健康。家长须关注子女情绪，调其心理，坚其意志，勇于面对挫折，正确利用网络。

五要多配合，常沟通。家长须主动配合学校，常通报情况，多交换信息，早发现苗头，防患于未然。

防孩子沉迷网络，须各方尽心尽责。为易记忆、广传播，特附"防迷网"三字文：

互联网，信息广，助学习，促成长。
迷网络，害健康，五个要，记心上。
要指引，履职责，教有方，辨不良。
要身教，行文明，做表率，涵素养。
要陪伴，融亲情，广爱好，重日常。
要疏导，察心理，舒情绪，育心康。
要协同，联家校，勤沟通，强预防。

教育部基础教育司
2018年4月20日

青少年网络成瘾定义及诊断标准

国家卫生健康委员会于 2018 年 9 月 25 日发布《中国青少年健康教育核心信息及释义（2018 版）》，对网络成瘾的定义及其诊断标准进行了明确界定：

（三）以积极的心态面对互联网，合理、安全使用网络，增强对互联网信息的辨别力，抵制网络成瘾。

1. 网络成瘾，是指在无成瘾物质作用下对互联网使用冲动的失控行为，表现为过度使用互联网后导致明显的学业、职业和社会功能的损伤。诊断网络成瘾障碍，持续时间是一个重要标准，一般情况下相关行为至少持续 12 个月才能确诊。

2. 网络成瘾包括网络游戏成瘾、网络色情成瘾、信息收集成瘾、网络关系成瘾、网络赌博成瘾、网络购物成瘾等，其中网络游戏成瘾最为常见。

3. 网络成瘾严重危害青少年身心健康，且对家庭和社会造成危害。

4. 青少年要正确认识网络，正确认识和评价自己。树理想，立长志，把注意力放在学习上。当出现沉迷网络的念头时，反复暗示自己"我一定能行""我一定能戒除"的信念。当抵制住了网络诱惑时，进行自我鼓励，加强信念。还可将网络的危害和戒除网瘾的决心写下来，提醒自己转移对网络的注意力；可加入社团，积极参与自己感兴趣的活动，融入现实人际交往。

5. 青少年使用互联网时注意保护个人信息安全和个人隐私，防范互联网使用不当引发的身心伤害。

后 记

在编写本书的过程中，编者借鉴和参考了国内外一些知名专家的著作和研究成果，引用了一些教师的案例和博客文章，在此向所有专家、教师致以衷心的感谢！受沟通渠道所限，我们未能与所有作者都取得联系，敬请相关作者与我们联系，我们的电子邮箱为：taolishuxi@126.com。

编 者